熊本日日新聞連載　わたしを語る

見果てぬ夢

安東由喜雄
Ando Yukio

熊本日日新聞社

この本を、人生を共に歩んでくれた妻恵子、子どもたち、
研究・診療を共に分かち合った仲間、患者・家族の皆様、
そして終生の恩師荒木淑郎先生に捧げます。

発刊に寄せて

熊本大学学長・前国立循環器病研究センター理事長　小川久雄

安東由喜雄先生の熊本日日新聞「わたしを語る」の連載が終わり、この度、本として出版されることになりました。安東先生と言えば、熊本大学在籍中、映画や疾患に関するエッセー集を何冊も出版されており、その卓越した文章力や切り口の面白さは定評がありましたので、興味津々、毎朝楽しみにしながら52回を完読しました。

全編を通して、先生の波乱万丈な半生が、面白いエピソードの数々、クスッと笑いたくなるようなユーモア、そして奥様への思いなどとともに綴られており、そのどれもが素晴らしかったです。

私も熊本大学循環器内科教授を経て、日本循環器学会代表理事、国立循環器病研究センター理事長、熊本大学学長としてさまざまな経験をしてきましただけに、検査医学および神経内科教授、医学部長、さらには長崎国際大学学長を通して多くの難局を切り抜けてきたご苦労話は、共感することしきりでした。

熊本大学退職後、縁もゆかりもない佐世保の大学に赴任されて、医学部とは勝手の違う大学の切り盛りで、さぞご不自由な日々をお過ごしになったかと思いきや、コロナ禍の中でも医学部や大学病院がない大学で、持ち前のバイタリティーとアイデア力を発揮し、ＰＣＲセンター、診療所の設立、全国に先駆けて職域内接種などを遂行され、大学を引っ張って行かれた姿が「わたしを語る」の中に生き生きと描写されていました。

研究面では40余年にわたり、一貫して熊本に世界的患者フォーカスのある家族性アミロイドポリニューロパチー（ＦＡＰ）をはじめとするアミロイドーシスの研究・診療に従事し、地方から世界に情報発信し続けてきた姿は、熊本大学の出身者の一人として誇らしく思います。国際アミロイドーシス学会の理事長にまで推挙されたのは、先生の学術活動の賜物であります。

長崎国際大学の学長として赴任してもなお、アミロイドーシスの名を冠した講座を作り、研究を続けて来た姿はあっぱれというほかはありません。

たとえ先生の研究が「見果てぬ夢」に終わったとしても、先生らしく夢を見、前進し続ける姿は、きっと医学を志す若者のみならず、分野を超えて若い研究者の道しるべとなるとともに、次世代の新たな研究者を生み、科学の発展につながるものと確信しています。

先生はこの4月からまた熊本に帰り、杉村病院でアミロイドーシスをはじめ神経難病の診療・研究を続けるとお聞きしております。熊本大学の名誉教授としても何らかの形でご助力いただければ望外の喜びです。

『わたしを語る　見果てぬ夢』出版にあたって

２０２３（令和５）年6月20日から9月1日まで、熊本日日新聞の「わたしを語る」に52回にわたって掲載された内容を、このたび熊日出版から出版していただくことになった。そもそも熊本ゆかりの著名人が自分を語るコラムに私が執筆すること自体考えもしなかったことである。

私は熊本大学医学部を卒業し、さらに大学院で研究の神髄を学び、留学期間を除き熊本大学で研究・診療活動を続けてきた。熊本で、熊本育ちの妻に巡り合い、子どもたちが生まれ育ち、両親も熊本に呼び寄せ、気が付いてみると、郷里別府で過ごした18年よりはるかに長い時間を熊本で送ってきた。熊本は第二の故郷というより、人生の故郷という存在になっている。

その私が同コラムを担当させていただき、さらに本となり形に残ることは望外の喜びである。まずは、毎回、私の雑稿に懇切丁寧に筆を入れ、微調整をしながら新聞のコラムの形に仕上げてくださった髙本文明さんに深謝申し上げたい。また出版するにあたりご尽力くださった櫛野幸代さん、今坂功さんには心からお礼申し上げる。

連載が始まった当初、あまりに個人的な話を書き過ぎていて、反響を心配したが、回を追うごとにこれまで人生でお世話になった方々に加え、ほとんど知らない人からも称賛のお言葉を賜り大いに励みになった。

別府での幼小児期から長崎国際大学のある佐世保での生活まで、ありのままを一気に書き上げ、髙本さんに送ったが、20数年にわたってエッセーを書き続けてきた私にはそれほど困難な作業ではなかった。むしろあっという間に終わり、まだまだ書き足りないといったところが正直な気持ちである。幾つになっても「見果てぬ夢」を見続けている私は、あわよくばこれからの人生も含め、何らかの形で53回目からの夢の続きを書くつもりでいる。

この本は、「わたしを語る」の52回の原稿だけでは読み物として少な過ぎることから、ちょうど同時期、長崎新聞に掲載していたコラム「安東学長のシネマ、時々医学」に掲載された22回分の原稿を長崎新聞のご厚意で譲り受け、同時に掲載させていただくことにした。

タイトルの『見果てぬ夢』は、セルバンテスの小説を基にしたミュージカル「ラ・マンチャの男」で歌われる「見果てぬ夢」からとった。同作品では、中世の騎士道を貫くドン・キホーテが、風車を巨人と思い込み果敢に戦う滑稽な姿を描いているが、私の研究がたとえ

「見果てぬ夢」に終わっても、自分らしく夢を見続け一歩でも前へ歩んできた心意気、決してローカルビッグを目指さず、絶えず地方から世界に研究成果を発信してきた姿が、医学を志す若者の道しるべになり、次世代の研究者を生み、医学の発展につながれば本望である。

表紙は、櫛野さんとウチダデザインオフィスのデザイナー、内田直家さんが、前述の「ラ・マンチャの男」に描かれたドン・キホーテをイメージし、作成してくれたものである。裏表紙には、件の水車をさりげなく入れて、表紙のストーリーに連動性を持たせてくれている。以心伝心、私はここでもまた人に恵まれた。とても感謝している。

また少し面映ゆいが、医師として、また研究者として曲がりなりにも40年余り頑張ってきた心意気を表現したいと考え、著者プロフィルの欄に、石松真由子さん（佐世保在住）が描いてくれた私の似顔絵を使用させていただいた。私の性格を、ひょうきんとか、おちゃめなどと評してくださる方もいて、この絵はそんな一面をコミカルに表現してくれているようで気に入っている。駆け出しの頃の私は、バリっと白衣を着て、大きな夢を持ち、風を切って大学病院の廊下を闊歩していたように思う。あの頃と比べると最近はだいぶ落ち着いてきたが、同時に活力がなくなってきたのかもしれない。似顔絵では少し髪は乱れているが、きりっとネクタイを締め、白衣を着こなしていて、あの頃そのものである。もう一度初心を取り戻し、研究・診療に勤しんでいきたい。

2024年1月4日　長崎国際大学学長室にて　新年、また新たな航海に臨む決意新たに

安東　由喜雄

わたしを語る　見果てぬ夢　—目次—

発刊に寄せて　熊本大学学長・前国立循環器病研究センター理事長　小川久雄

『わたしを語る　見果てぬ夢』出版にあたって

わたしを語る　見果てぬ夢

ローカルから世界に情報発信の始まり　17
人見知り激しく、母こそ命の幼小児時代　19
命救う医師への決意　22
母が与えた英語教育　25
忘れ得ぬ父の温かい背中　27
きっと不満だった今生の別れ　30
官人として生きた父の誇り　32
「短い手紙」を書きたくて　35
赤い糸で結ばれた運命の映画館　37
医学部生活のオアシス―アメリカの旅　40
一度決めたら振り向かず　42
神経難病ＦＡＰとの出会い　45

医師としての原点となった師長の言葉　47
心をつなぐ「道しるべの会」　50
出過ぎた杭は打たれない　52
人は力、仲間は宝　55
遺伝歴に関係なく全国各地にも　58
肝臓移植という「希望の光」　60
FAPの脳死肝移植の始まり　63
スウェーデン王国での研究スタート　65
福祉大国での恵まれた生活　68
ウガンダ出身研究者は今…　70
「我々は病気を隠さない」　73
なぜか人には恵まれ続け　75
持つべきもの、仲間、そして何より妻　78
究極の治療「ドミノ肝移植」　80
やっと日本でもドミノ肝移植　83
王様直筆の名誉博士賞　85
自由診療の切り札「検査カフェ」　88

エッセイスト歴は23年　91
兄の他界、痛恨の極み　93
弟の思い出　96
検査医学教室の大いなる発展　98
「チーム安東」被災地へ　東日本大震災　100
混乱と喪失感の中で懸命の診療　103
「ガチンコ相撲」勝ち抜いて　105
医局発展へ人材育成　108
「医局員は家族」数多い思い出　111
未知の疾患の新たな診断拠点に　113
天災は何度も忘れたころにやってくる　116
「医師は我々の天職だ」　118
義を見てせざるは勇なきなり　121
アジア人初の学会理事長に　123
変革の中での医学部長生活　126
人生はいつも紆余曲折　128
「満開」の桜と最先端の研究　131

60の手習い、愛娘との発表会 133
コロナ禍で始まった学長生活 136
大学独自のコロナ対策の考案 138
感染対策支えた〝七人の侍〟 141
「未練」こそ次のステップ 144
患者の苦悩と寄り添いながら 146
佐世保暮らしも楽しみに 149
〝航海〟続け見果てぬ夢へ 151

安東学長のシネマ時々、医学

ダンスは秘密の隠し部屋 ─「Shall we ダンス?」 157
恋と手話と東北弁 ─「息子」 159
宇宙でも侵略続ける人類 ─「アバター」 161
インド人の死生観 ─「ガンジスに還る」 163
AIとの恋に落ちた男 ─「her 世界でひとつの彼女」 166
思い出という名の未練 ─「フィールド・オブ・ドリームス」 168
戦時の休暇 帰郷の旅 ─「誓いの休暇」 170

積み木の家　老人の寂寥感―「つみきのいえ」　172
脱獄にかける執念―「パピヨン」　174
不条理への復讐劇―「嘆きの天使」　176
最期に伝える五つの言葉―「愛する人に伝える言葉」　178
盲目の花売り娘に尽くす男―「街の灯」　180
治療法開発に必要なこと―「ロレンツォのオイル／命の詩」　182
生きるための能力「うそ」―「素晴らしき世界」　184
困難乗り越え新薬を開発―「希望のちから」　186
高校生　希望求め西へ―「僕たちは希望という名の列車に乗った」　189
高齢者は安楽死を選択できるが―「ＰＬＡＮ75」　191
辞書作り　人生かけた大仕事―「舟を編む」　193
育ての親か生みの親か―「そして父になる」　195
夢が導いた悟りの境地―「野いちご」　198
心の負の連鎖　涙が救う―「インサイドヘッド」　200
親権巡る正しい判断とは―「クレーマー、クレーマー」　202
誰も知らない置き去りの子ども―「誰も知らない」「渇水」　204

わたしを語る
見果てぬ夢

ローカルから世界に情報発信の始まり

私は１９５３（昭和28）年7月、大分県別府市に生まれた。母によると、梅雨明け直前の蒸し暑い日であったという。

当時、父は国立病院勤務の薬剤部長をしており、かねがね「安東家は臼杵の稲葉藩の祐筆《ゆうひつ》をしていたので、字と文章がうまい」と言って誇りにしていた。

母は新潟県魚沼郡、高田（現上越市）で浅黄糸を輸出する会社社長の末娘であった。紆《う》余《よ》曲折あり、二人はそれぞれが縁もゆかりもない別府で巡り合うことになる。北国と南国の夫婦は価値観が異なり、うまくいかないといわれるが、どうしてこの夫婦、父の何でも受け入れるアバウトな性格もあってか、母が一人残されるまでずっと仲の良い夫婦であった。

私は小さいころから野球少年で、別府出身で西鉄ライオンズのエースだった「神様・仏様・稲尾様」といわれた鉄腕稲尾和久に憧れて、将来は真剣に野球選手になりたいと考えていた。当時は少年野球のチームもなかったことから、学校から帰るとよく壁に向かってピッチング練習をした。

その結果、地肩が強くなり、医師になって入局した熊本大学の第一内科では田中不二穂先生、森孝志先生、神経内科では山下太郎先生とバッテリーを組み、主戦投手を務め、医局対抗野球で準優勝までしたことがあった。

父の職業柄、当時は製薬会社からの試供品がわが家の床の間の戸袋に所狭しと収納されていた。両親の留守を見計らって、その薬瓶に入った色とりどりの粉末の薬剤を薬包紙に取り出し、混ぜてみるのが、物心ついて間もないころの私の壮大なる「実験」であった。

ついにその「いたずら」はエスカレートし、ある時、小便を混ぜてみたところ、見る見るうちに色が変わった。「わー、これは面白い」と思った瞬間、背後から母の厳しい叱責《しっせき》の声

熊本大医学部長などを経て長崎国際大学長を務める筆者
＝長崎県佐世保市

が聞こえてきた。

薬はわが家の稼業、生業《なりわい》であり、「こんなことをするといつか罰があたるに決まっている」と延々と説教され、「もう二度としません」と泣きじゃくるまで続いたことを遠い風景のように覚えている。

その私が医学部に進み、薬との関係が最も深い診療科の一つである脳神経内科医となり、教授として若い医師を育ててきた。医学の進歩とともに次々に開発されてきた薬剤に助けられながら、もう40年以上も一端の医師、医学研究者として地方から世界に情報発信できているのは何かの因縁である。

人見知り激しく、母こそ命の幼小児時代

私の幼小児期は「母こそ命」のような日々であった。

今では想像できないことだが、私は人見知りが激しく、いつも金魚の糞《ふん》のように専業主婦であった母にくっついて離れず、母のスカートの裾を強く握って離さず、知らない人が来るといつも母の陰に隠れていた。3歳のころ、母のスカートを強く握ってはにかんでいる写真

が残っている。

　そうした習癖はしばらく直らず、幼稚園に入園した年の1学期は3カ月にもわたって、毎朝8時を知らせる柱時計の音とともに、涙腺崩壊状態となり、「幼稚園に行かない」と言って泣き続け、母を困らせた。それは梅雨が終わり、夏休みの直前まで延々と続いたのだから大した根性だ。

　同級生に会うのが嫌だというのではない。とにかく母と別れるのがつらかった。毎朝、母に引きずられるように500メー

家族で別府市の水源地へハイキングに出かけた母（右）と当時3歳の筆者＝1956年

トルほどの道をこの世の不幸とばかりに嘆き悲しみながら通園した。幼稚園の入り口に差しかかると観念して、ぴたりと泣きやみ、「楽しんできなさい」という母の言葉に後押しされるように友達の輪の中に溶け込んでいくのだから、どういう精神構造をしていたのか、いまだに理解に苦しむ。

その母も老健施設に入り今年98歳になるが、コロナ禍での面会謝絶、2週に一度の10分間のオンライン面会を繰り返しているうちに、どんどん活動性が失われた。よく話す母だったが、コンピューター越しにうつろな目をして、言葉を発しなくなってしまったのは、痛恨の極みである。

小学校に入ると、幼稚園時代のエピソードを知った1年生の担任の星野澪子先生が意識して発表の機会を与えてくださり、次第に自信がつき、人が変わったように積極的になっていった。

父が常に人の輪を好む温厚な性格であったことが、私の人格形成に少なからず影響していたのかもしれない。父親譲りのひょうきんさ、アバウトさ加減が自然と表れるようになり、大学卒業まで一貫してどの学年でも必ずクラス代表に選出されてきたが、その支持母体は男子であった。いつも何かあるとまず叱られるのは私で、それだけ目立つ少年に変身していたということなのであろう。

一方、5歳上の兄は比較的笑わない少年に育ったという反省から、母はどんなに悲しいことがあっても赤ん坊の私を覗《のぞ》く時には笑顔を心がけたという。

命救う医師への決意

私は別府市立別府亀川小学校、別府北部中学と進んだ。中学2年の時、2、3年生から立候補者を募り全学年が投票する生徒会長の選挙で、私が1位の票を得てしまった。理由はいまだに分からない。

それまでの北部中の歴史で3年生を押しのけて2年生が生徒会長に就任したことはなく、職員会議でどうするか話し合われたらしいが、生徒への説明がつかないということで得票のまま執行部が組織された。

会長が2年生、副会長が3年生の執行部は迷走を続けた。学校の帰りなどに反感を持った3年生に待ち伏せされ随分といじめられた。

結局2年間、生徒会長を務めることになったが、大した「業績」も上げないまま卒業がやってきた。高校は、大分上野丘、大分舞鶴と並んで大分県の進学校御三家といわれた別府鶴見丘高校に進んだ。

父が別府国立病院の薬剤部長をしており、医師からの採用薬の無理難題に辟易《へきえき》していたこともあり、文学部に進んだ兄は仕方ないにしても、次男の由喜雄だけは医師になってほしいという祈りにも似た気持ちを私は感じていた。

私たち家族は病院職員用の官舎に住んでいた。同じ官舎に住んでいた胸部外科専門のY先生は暑い夏でも毎日白衣とともに白い手袋

熊本大医学部５年の筆者（右下）。臨床実習の仲間と＝1982年、熊本市

をして、病院までの数百メートルの道を、胸を張って通勤していた。父から聞いたその理由は私の心に強く響いた。「Y先生はな。手術の時の指先の感触を失わないようにどんな時も手を保護しているんだ」

そのY先生が事もあろうに夜間、飲酒運転で事故を起こした。しかも、不運にも亡くなった被害者は手術をして救った患者だった。このニュースは当時小学生だった私にも衝撃が走った。Y先生は数カ月して職場に完全復帰された。詳細は知らないが、何でも患者家族が「先生に一度救っていただいた命ですから」と懇願し、起訴されなかったという話である。

飲酒運転の是非は言うまでもないが、医師の仕事はここまで人に感謝してもらえる価値の高い仕事なのかと思い、医師になり人を救うことの価値を実感した。

高校時代は男ばかり3人兄弟の次男で、女性に生《うぶ》だったため、今考えるとどうしてと思うような女学生に憧れ恋に落ち、医師になって人の命を救いたいという確固たる強い意志はあったものの全く勉強しなくなった。そのあおりを受け、見事浪人生活を送ったが、1977（昭和52）年3月、無事熊本大学医学部に合格した。母は「生涯最高の日が来た」と喜んだ。

母が与えた英語教育

父は晩年自分史を書いており、その中に「由喜雄君は何と言っても野球少年であった」というくだりがある。当時西鉄ライオンズに別府出身の稲尾和久投手がいて、「神様・仏様・稲尾様」といわれ、数々の記録を残し、宿敵巨人を破る原動力になったことに、私は別府人として誇りに思っていた。

「将来はライオンズに入団してピッチャーとして立身出世をする」というのが安東少年の夢であった。よく壁に向かってボールを投げて、専門書を買い込み、見よう見まねでカーブを覚えた。

中学校から高校1年までテニス部に所属し、チームとして野球を体験したことはなかったものの、医師になり熊本大第一内科では医局対抗野球に参戦した。ピッチャーとして準優勝したのには、キャッチャーだった田中不二穂先生のリードとともに、夢を見ながら壁に向かって投げ続けた時に培った地肩の強さが生きた。

別府では西鉄の試合はラジオでもテレビでも放送されていなかったため、試合の翌朝、早起きして新聞で試合結果を見るのが日課となった。父も野球は好きだったのか、毎年夏休みになると、私たちを福岡・平和台球場に野球観戦に連れて行ってくれた。今となっては父との貴重な思い出となっている。

最も忘れられないのは小学校2年の夏、西鉄対東映の試合で、稲尾が投げ、中西が夜空に虹をかけるようなホームランを打ち、豊田がファインプレーをして3－2で勝った試合である。

小学、中学校と地元の公立校に通い、親から勉強しろと言われたことは一度もなかった。ただ、母は英語さえできれば将来国際人としてやっていけると信じ込んでいた節があった。というのも、小学校に入った途端、ラジオ英

熊本市で開かれた国際アミロイドーシス学会の祝宴。左から蒲島郁夫知事、筆者、大西一史市長、原田信志前熊本大学長＝2018年

語会話だけは聞かされたし、中学、高校の間は、アメリカ軍が別府港に寄港した際に、通訳をしていた、別府鶴見丘高校の英語教師だった門田博先生のもとに通わされ、小粋な表現を習うことができたのだった。そこで英語の重要性を認識し、話すことに違和感がなくなり、得意科目になった。医師になり国際学会活動をするのにも役に立った。

「I love you より I am sweet on you といった表現の方が小粋だ。Thank you より I really appreciate と言った方がずっと丁寧な表現だ」など、外国人と会話する時に役立つ、生きた表現を随分と教えてもらった。浅学非才な母ではあったが、感謝している。

忘れ得ぬ父の温かい背中

父との思い出で一番に思い出すのは、私が小学5年生の春に扁桃腺《へんとう》の手術をした後、病院からわが家に帰るまでの2~3キロほどの道を、父の大きな背中に背負われて帰った時のことである。

夕暮れ時の初春の冷たい空気の中で、父の背中は思いのほか大きく温かく、つい今しがた手術で受けた「虐待」をくぐり抜け、一番頼りになる「正義の味方」の大きな背中にたどり着いた安堵《あんど》感から、私は眠りに落ちた。

大学生になって父と二人で飲みに行ったことがある。父はすでに社会人になっていた兄とそうした経験があったためか、あまり嬉しそうな顔はしなかったが、私には込み上げるような喜びがあった。私はこんな日が来ることをずっと漠然と楽しみにしていた。

父は2014（平成26）年7月、89歳で逝った。ちょっとした風邪から肺炎を起こし、いったん呼吸停止したが蘇生し、その後寝たきりとなり、2年半の闘病後、眠るように旅立っていった。

表参道吉田病院（熊本市）に入院中は、主治医の田中不二穂先生、安藤正幸先生に大変お世話になった。気管切開の状態が続き、全く会話

別府市の自宅で。左から祖母（母方）、母、父、前列左から筆者、兄＝1958年

ができなかった。切開部をふさごうと試みた時期も短期間だがあり、その間幾つかの会話ができたのは貴重な思い出となっている。

「お母さんに優しくしてくれ」「おまえ、金魚の糞を連れるようにして回診しているのか。一度でいいから見てみたい」などの言葉が心に残っている。

父とは価値観も生き方も違うため、これまで親子の絆を意識して生きてきたことはあまりなかった。しかし最近鏡を覗くと、自分自身の姿が驚くほど父に似ていることに何とも言えない感慨がわく。それはそうだ、確かに私の遺伝子の半分は父から受け継いだものなのだから。

父が遺《のこ》したブレザーを時々着ている。父が私と同じ年齢の時、何を考え、何に苦しんでいたのか、何に不快を感じていたのかなどが何となく分かるような気がする。

「性格遺伝子」も「好み遺伝子」も同定されていないが、DNAの間隙《かんげき》には確かにそうしたものが刷り込まれていて、そうした「遺伝子」が親から子へ確かに受け継がれているように思えてならない。

今日まで大過なく生きてきて、少なからず幸せを感じながら、男としての充実感も感じることができたのは、父から受け継いだ「遺伝子」と彼の後ろ姿のおかげのように心から思える。感謝そして合掌。

きっと不満だった今生の別れ

2014年は多忙な一年であった。正月からかねて寝たきりの父の病態が急変し、小康を得ては再燃を繰り返し、ついに3月からは昏睡《こんすい》に近い状態となり、いつ別れの日が来てもおかしくない状態となった。

平日でもしょっちゅう病院に呼ばれるようになり、日々の診療、研究、教育の中でいつも父のことが気になりながら、時としてイライラするような時間が流れた。

学会や研究会、省庁関連の会議、学会理事会などでの上京はひっきりなし。5月の初めはアメリカへ、6月の終わりはイスタンブールへと海外出張も続いた。出張のたびに今度こそ親の死に目に会えないのではないか、これが今生の別れになるのではないかと思いながら、父の病床から海外へと旅立った。

そんな時、「親の死に目に会えるような役者になるな！」という言葉が背中を押してくれた。歌舞伎俳優の中村勘九郎が子どもたちに言ったという中村家の家訓だ。

世の中の多くの子どもたちが年老いた親を持ち、こうして日常生活を送っていることを身にしみて実感した。寝たきりとなった親をどう看取《みと》っていくのかという問題一つとっても、これからの日本は大変だ。

父は控えめな性格で、余計なことは言わない男であったが、「そんな時間があったら医者としての力をつけろ」と苦笑いしているかもしれない。

私が医師になって以来、「おまえに手を握られて死にてーな」と事あるごとに言っていた。郷里別府の病院に入院し、危篤状態を脱した時、即座に熊本の病院に転院させていたため、最期は父の願いが叶《かな》う形となった。

人はこれを親孝行というが、父は2年半もの間、気管切開の状態で言葉を奪われた上、映画「キング

熊本市飛田の自宅で。右から筆者、父、長男＝2010年

コング」のように手足の自由も利かず、私のことを藪医者《やぶ》はおろか藪にもなれない〝たけのこ医者〟と言い続けていた。

きっとあの世で「もっと楽な最期を期待していたが、おまえはやっぱりたけのこ医者だったー」と苦笑しているに違いない。

父の生きた証しを私の覚えている範囲で書き記しておきたいと思う気持ちが強くなり、追悼文としてまとめた。

官人として生きた父の誇り

父は1924（大正13）年、当時日韓併合で大量の日本人が移り住んでいた京城に生まれた。決して裕福な家の生まれではなかったが、医療の道に進みたいと考え、一念発起して京城薬専に入学した。

韓国人の受験者も多く、隣の席の受験者から、「コクゴガデキマセン、カンニングサセテクダサイ」と頼まれたというから日本人には割合、楽な受験であったのかもしれない。

しかし入学と時を同じくするかのように終戦を迎えたため、父は内地に引き揚げ、長崎薬専（現長崎大薬学部）に編入し、苦学の末なんとか卒業を果たした。その後国立病院勤務の薬剤師として40年近くも働き続けた。

本当か嘘《うそ》かは分からないが「当時は医学部も薬学部も入学は同じ程度の難しさで、俺は金のかからない薬学を選んだ。それが間違いだった。医師がこんなに威張って暮らす時代を見ると後悔が募る」というのが口癖であった。

だから私が熊本大医学部に入学した時には自分のことのように喜び、私を抱きしめた。父は明らかに泣いていた。母に「俺がどんなに嬉しいか分かるか。今まで薬剤部は医者から無理難題を言われ続け…」と言ったらしい。

今のように病棟業務もない時代であり、比較的単調な薬剤業

自宅近くの公園で。左から父、筆者、兄＝1959年、別府市

務の中で、何より官人として生きたことが誇りで、晩年は叙勲のことばかり気にしていた。没後すぐに従五位の官位を頂いたが、生前になんとか叙勲させてやりたかった。父はめったに息子の自慢話をしなかったが、私が熊本大の教授になった折、「息子が国立大学の教授になった」と言って回ったらしい。

薬剤師なのだからもっと家でも勉強したらよかったのではないかと思ったこともある。しかし、それもどこ吹く風。「飲む、打つ、買う」の素養は十分あり、飲むのは好きな上、パチンコ、マージャン、競輪なども程よくやっていた。

酒を飲むと「畳の上では死ねない」と言っていたところを見ると、きっと浮気の一つもしたのではないかと勘繰っている。しかしいずれもほどほどにたしなみ、家庭が不和になるようなことは一度もなかった。

大きな夫婦喧嘩《げんか》などしたことはなく、おおむねこの夫婦は仲良く暮らしていた。中学の時、一度だけ父に殴られ鼓膜が破れたことがあるが、後にも先にも父を怒らせたのはそれだけである。気は長いのか短いのか定かではないが、本質的に人と争うことを嫌った。

「短い手紙」を書きたくて

１９７７（昭和52）年春、大学生となり熊本にやってきた私は、無性に本を読みたい衝動に駆られていた。

入学とともに母に無心して当時２万円の漱石全集を買い読みふけった。テレビは読書の邪魔になるため買わず、ラジオだけは用意して、ニュースなどを聞いていた。時たまダイヤルをＲＫＫに合わせたが、内容は面白くなかった。

入学して間もないころ、同局の「たむたむたいむ」という10分間の帯番組のオーディションがあり応募することにした。行ってみて驚いたことに、数十人の応募者はいずれも高校生であった。

選には見事に漏れた。知らせを受けた次の日、落選の理由を聞きに担当の林田隆二ディレクターを訪ねるため、ＲＫＫに出向いた。「君のキャラクターは向かんのじゃない？」とは言われたものの、話しているうちに「君、話してみないか？」と言われ、足かけ５年に及ぶラジオパーソナリティー生活が始まった。

いざ始めてみると、ＣＭを除いた9分15秒で、何を話せばいいのか分からない。身の回りの面白い出来事はたくさんあるのに、言いたいことが募り、まとまりのある話ができない。木曜日の夕方が収録日であったが、番組のことを考えると週の初めから憂鬱《ゆううつ》であった。

ある時、１時間の特別番組のパーソナリティーを任された。親孝行をテーマに曲をかけ、しゃべりを入れる60分は、10分番組より随分やりやすいことが分かった。そのころ、偶然珠玉の言葉に巡り合う。

「今日は忙しかったから短い手紙が書けなかった」というゲーテの言葉である。凡人は忙しいと長い手紙が書けない。しかしゲーテは逆だ。いかに枝葉を捨てて幹を残すことが難しい

松坂慶子にインタビュー＝1979年、熊本市

かをゲーテは語っている。そのことを追求した5年間の経験は、医師になってさまざまなプレゼンテーションをする時の力になっている。

私の出演する番組は「たむたむたいむ」から「青春ワンダーランド」に変わり、両番組のディレクターだった田代季久夫さんにはお世話になった。松坂慶子、谷村新司、中山千夏、永六輔、そしてデビューしたての松田聖子…幾人かにインタビューの機会を得たことも忘れ得ぬ思い出である。

赤い糸で結ばれた運命の映画館

熊本にやってきて嬉しかったことは、三つあった。漱石が「森の都」というだけあって、熊本大キャンパスや町並みの至るところに古木がうっそうと茂っていたこと、大甲橋から見た白川沿いの桜が息をのむほど美しかったこと、そして歴史を感じさせるリバイバル名画を上映する映画館が3館もあったことである。

現存しているDenkikanに加えて、センターシネマ、テアトルデンキ館とそろっており、映画を見ることは受験戦争で失った貴重な「文化」を取り戻す千載一遇のチャンスのように思えた。戦前から1960年代のハリウッドやヨーロッパの巨匠の名作や、黒澤明、成瀬巳喜男、溝口健二、小津安二郎など世界に通じた巨匠の映画をむさぼるように見た。

今では考えられないが、浄行寺のテアトルデンキ館では500円3本立てで、西部劇シリーズ、オードリー・ヘプバーン、イングリッド・バーグマン、ヒチコックなどの特集が組まれ、まだレンタルビデオもネット映画もなかった時代に、外国文化、映画文化を吸収するにはもってこいの娯楽であった。

中には日活の小林旭が主演した「渡り鳥シリーズ」などの企画もあった。「流れ者に女は要らない」などといった決め台詞《せりふ》は今でも覚えている。見た映画の話は、私のラジオ番組で

スウェーデン・ウメオ市の湖で。晩夏の夕暮れ時、筆者（右）と妻恵子＝1998年、8月

の格好のネタとなった。

テアトルデンキ館は熊本大の黒髪キャンパスから近かったので、医学部進学課程（教養課程）時代の2年間、授業の合間、時には授業を抜け出して足しげく通った。午後10時の閉館まで3本連続で名画を見ると、さすがに心が飽和状態になり頭がくらくらした。椅子が壊れていたり、トイレが古く、近くに座ると独特の臭気がしたりした。

10歳年下の妻の実家は浄行寺にあった浅原内科であり、テアトルデンキ館は道路を渡れば目と鼻の先だったことから、妻は熊本大付属中学時代からよく映画を見に行っていたという。「あそこに痴漢が座っているから、反対側に離れて座るんだよ」と、チケット販売の女性に言われたことがあるそうだ。

いつも観客数人で映画を見ていた記憶がある。中学生の彼女と同じ時間に同じ映画を見ていたのかもしれないと思うと嬉しくてたまらなくなる。運命の赤い糸で結ばれた映画館ということになる。

医学部生活のオアシス―アメリカの旅

熊本大医学部2年生の夏、教養課程の英語教師、ポール・グリシー先生が企画してくれた60日間にわたるアメリカ・ホームステイの旅は、私の国際感覚を醸成するためにどれほど役に立ったか分からない。

そのころの医学部進学課程の2年間は退屈そのもので、特に夏休みは丸々2カ月あり、旅でもしないとやることがないといった時間であった。

私はRKKラジオのパーソナリティーとして活動していたため、部活動はしておらず、身軽であった。そのためホームステイ期間はラジオ番組を休業とし、夏休みのすべてをアメリカの旅に費やした。医学部生活のオアシスと言えるような体験ができた。グリシー先生は我々参加希望者に、携帯電話のない時代の旅に必要なもの、基礎的な知識を懇切丁寧に教えてくれた。

アメリカ中・北部の主要都市を、長距離バスを使って60日かけて移動し、10ほどのホストファミリーの家やYMCAに泊まる旅は楽しいだけではなかったが、1978年、まだアメリカが今ほど物騒ではない時代、セキュリティーにほとんど気を使う必要のない旅であった。

生まれて初めてアメリカ大陸へ。今はなきパンアメリカン航空のジャンボジェットに乗り、アンカレジで給油した後、ロッキー山脈を伝うように南下し、ロサンゼルス空港に降り立った。次の目的地を目指し12時間バスに揺られ、乗り換えにバス停留所で6時間も待つという、かなりハードな旅であったが、日を追うごとに10人の仲間の結束が強まっていった。

中には明らかに日本人を低く見て厄介者のように扱うホストファミリーもあったが、多くは親切にしてくれた。YMCAが仲介してくれていたためか敬虔《けいけん》なクリスチャンも多く、日曜日

夏休みのアメリカホームステイツアーに参加した筆者（前列左から２人目）ら＝1978年、アナハイム市のディズニーランド

には教会に行くなど、さまざまな経験ができた。後に国際舞台で学会活動する折にこの経験は大いに役立った。

総勢男女80人ほどの学生が各学部から集まった。この旅では医学部の集団を離れてみたいと考えた私は、各学部から集まったグループに属した。工学部の佐藤宣明さん、宮崎明さん、小池良治さん、法文学部の表田徹さん、教育学部の三好尚直さんと竹下徹さん、医学部の三原洋祐さん、磯貝雅裕さん、高木茂さん、そして私が運命共同体であった。

一度決めたら振り向かず

次第に将来の進むべき道を考え始め、医学部3年生からは急に真面目に勉強するようになった。当時の私は、臨床医をやりながら、一生をかけるような研究テーマを見つけ、生涯一臨床研究者として終わりたいと考えるようになっていた。

私が第一内科に入局を決めたのは医学部5年生（専門課程3年生）の時である。精神科を専門として、心の病で苦しむ患者を救いたいと漠然と思っていた矢先、その年に宮崎医科大学から第一内科の教授として赴任して来られた荒木淑郎先生が神経内科の第1回臨床講義をされた。

テーマは多発性硬化症であった。寛解と再燃を繰り返す原因不明の中枢神経の病気で、黒板にイラストで病巣を描きながら見事な語り口で90分、分かりやすく講義された。神経内科領域の疾患の中でも、この病気が私にとってはミラクルに思え、しばらく荒木先生の下で神経内科を勉強し、研究と診療を満喫してみたいと思った。

フロイトはまず神経病理を学んだ後、精神科に進み、精神分析の研究書『夢判断』をはじめ数々の業績を残した。私もそうありたいと考え、その日の夕方、興奮の中で荒木先生の教授室を訪れ、入局は1年半も先の話なのに、「先生の教室に入局させてください」と

左から筆者、ノーベル生理学・医学賞受賞者のガジュセック氏、恩師の荒木淑郎教授、妻恵子＝1991年、スウェーデン・ジェレフテオ

お願いした。

荒木先生は「一緒にやりましょう」と、どこの馬の骨だか分からないこの医学部生を優しく笑顔で包み込んでくれた。若気の至りとはこのことで、将来どうなるのか、教授になれるのか、収入はどうなのかなど頭の片隅にもなかった。

この「思い込んだらとことん進む。前進あるのみ」という性格のために、これまでどれほど失敗を繰り返したか分からない。6年生になり各科からの入局勧誘合戦が激しくなる中、私はそれに見向きもしなかった。

卒業式は県立劇場で行われた。私は医学部総代を務め、学生代表として壇上で卒業証書を授与された。

1983（昭和58）年4月、18人の同期生とともに第一内科に入局した。教授の荒木先生を筆頭に、安藤正幸助教授、杉本峯晴講師、菅守隆助手、内野誠助手、堀尾豊助手と錚々《そうそう》たる先生方に、神経内科学、呼吸器内科学、循環器内科学、消化器内科学の臨床を教えていただいた。

総合的に内科学を研修するにはまたとない充実した環境であったが、私には早く神経内科医として成長したいというはやる気持ちがあった。

神経難病FAPとの出会い

医師になって3年目に1年間、荒尾市民病院で内科医として勤務した。とにかく忙しかったが、救急から内科全般にかけて広く学ぶことができ、臨床医として最も成長した時間であったかもしれない。内科、外科の垣根がなく山崎勝美院長以下、スタッフと家族のような環境で診療できた。同院は、一晩に3、4台は救急車がやってくる救急病院でもあり、夜間は随分と診療に駆り出された。マムシ咬傷《こうしょう》、パラコート中毒、溺水、首つり自殺未遂など、大学にいたのではとても経験できないような貴重な症例に遭遇することができた。

内科では診療部長の藤瀬隆司先生、これに熊本大学で病理学を学んでこられた鴻江和洋先生、田宮一郎先生、田宮二郎先生、本里雄一先生、神経内科専門医の植川和利先生など一流の知識と経験を持つ先生方から多くを学ぶことができた。

荒木淑郎先生から患者を増やすミッションを受けた神経難病FAP（家族性アミロイドポリニューロパチー）に関しては、病棟に5人の患者が入院していた。涙腺へのアミロイド沈着のため涙が出ず角膜潰瘍を起こし、目が痛いと泣いていた患者、ALS（筋萎縮性側索硬化症）のように手足が痩せ細った患者、激しい下痢で1日数時間以上トイレに座っている患者、腰仙骨部の褥瘡《じょくそう》で発熱を繰り返す患者、起立性低血圧で立ち上がった拍子に失神し外傷を負う患者もいて、心が痛んだ。

当時、FAPは治療法がなく、診断できても患者に還元するものがなかったこともあって、患者は第一内科に対して不信感のようなものがあり、外来にはわずか2人しか来ていなかった。

推定では当時、荒尾地区に30〜40人は患者がいると考えられていたた

荒尾市民病院内科の懇親会で筆者（左）と藤瀬隆司内科部長＝1985年

め、8人家族中5人をFAPで亡くし、FAP患者のお世話をしていた志多田正子さんと一緒になり一軒一軒患者家族を回った。しかし「治療法がないのに外来に行っても一体何をしてくれるのか」といった考えの方も多く、患者の反応は鈍かった。

1987(昭和62)年、荒木先生が国際アミロイドーシス学会を箱根で催された後、熊本でのシンポジウムに参加したスウェーデンの患者が「FAMY」という患者会を組織していることが分かり、熊本でも患者会を組織する機運が高まった。「道しるべの会」として患者会が組織されたのは翌年の2月であった。

医師としての原点となった師長の言葉

神経内科医は市中の病院に出ると、外来診療で頭痛やめまいなどのコモンディジーズ(よく見られる病気)を診療する機会が少なくない。だが、重症筋無力症や筋萎縮性側策硬化症(ALS)などのいわゆる神経内科的疾患にお目にかかることは少なく、途端に脳卒中を中心とした救急専門医と化してしまう。

荒尾市民病院には連日、県北地区の重症の脳出血、脳梗塞患者が昼夜を問わず救急車で運ばれて来た。内科で駆け出しの私は貴重な機会を無にしまいと真っ先に駆けつけ、血圧や脈拍などのバイタルサインをチェックし、血管のルート取りや気管内挿管をするのが常であった。

当時、保険診療の締め付けもそれほど厳しい状況にはなく、患者家族が望むなら、たとえ生存の可能性が小さくても、医療行為は「行け行けどんどん」の時代であった。

ある夜、初老の男性患者が左中大脳動脈の起始部の梗塞が原因と思われる片麻痺《まひ》、意識障害の状態で運ばれてきた。脳浮腫も激しく重症である。私はすぐさま気管内挿管を行い、人工呼吸器につないだが、今のように血栓溶解療法もカテーテルを用いた血管内治療もない時代である。できることは脳浮腫の防止と全身管理くらいで、この状態ではできることもなく助からな

筆者（前列右から３人目）が荒尾市民病院時代に一緒に仕事をした医師ら＝2023年４月、荒尾市

いと判断し、ナースステーションでこう、うそぶいた。

「今度の患者はどう頑張っても助かるはずがない！　余分な治療はむしろ患者がかわいそうや！」

この言葉に、その場にいたICU（集中治療室）の坂本陽子看護師長が猛然とかみ付いた。

「安東先生、こんな時、家族には心の整理をする時間が必要なんです。さっきまで普通に生活していた方ですよ。駄目もとで、まずはでき得る限り頑張ってみるのが医療スタッフのするべきことでしょう。少なくとも1週間は頑張ってみないと駄目です」

余分な医療を省き合理的に医療を行うというクリティカルパス方式は、高齢化が激しく進むわが国において不可欠であることは間違いない。しかし一方で、これでは患者・家族と心が通じないことがあるため、訴訟などが起こる確率も増大する危険性がある。

あのころの私はこのことに限らず未熟そのもので、生意気であった。今考えると恥ずかしく、穴があったら入りたくなる。私の医療の原点の一つは、坂本師長のこの言葉である。

心をつなぐ「道しるべの会」

私が荒尾市民病院に赴任した時、FAP（家族性アミロイドポリニューロパチー）の末期患者が5人入院していた。だが、外来通院者はたった2人で、熊本大の荒木淑郎教授から頂いた「患者、家族の方と医師の関係をしっかりしたものにする」というミッションを遂行するには無理があった。

一方で3～4カ月に1人、FAP患者が死亡し、荒尾市民病院の解剖室では鴻江和洋先生の執刀で、患者家族に同意を得られた方の解剖が行われた。当時の私はその献体をどう生かしていいかも分からず、砂をかむような思いが続いていた。

治療法がないにもかかわらず診断、検査ばかりする第一内科スタッフに患者家族の不信感が募るのは当たり前のことで、この状況を打破するにはコミュニケーションの場が必要だった。

通院患者のKさんの妹で、事実上FAPのケースワーカーのような役割を果たしていた志多田正子さんは、8人のきょうだいのうち5人をFAPで失っていた。当時まだ40歳代後半と血気盛んなころで、常に患者側に立ち、医師に歯に衣着《きぬ》せぬ言葉を浴びせていた。

私はなぜか彼女と馬が合った。話しているうちに、発症しているのに家にこもっている患者や、発症の心配のある家族を抱えながら病院に行けない人が少なからずいることが分かった。

当時、辛うじて荒尾市の中島医院（中島明院長）が患者に寄り添う医療をしており、数名の患者が受診していた。どちらから言い出すわけでもなく、患者家族の家を回り、荒尾市民病院を受診するように説得して回ったが「治療法もないのに病院に行って何をしてくれるのか」「放っておいてほしい。病気のことは知られたくない」という

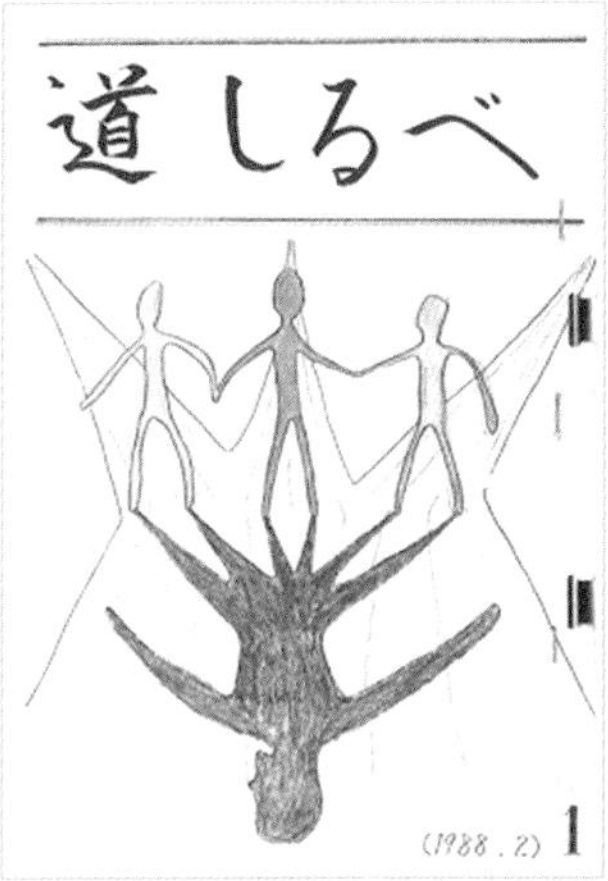

文集　道しるべ　第1号の表紙

道しるべの会で天草に一泊旅行。筆者（右）と志多田正子さん＝2003年

意見が多かった。

「朝の来ない夜はありません。対症療法をしながら治療法ができるのを待ちましょう。今の状態をカルテにしっかり記録することも治療法の開発にどれだけ役立つか分かりません」。こう説得しているうちに、1人また1人と患者が私の外来に来るようになり、十数人の患者家族が参加し、1989（平成元）年8月、「道しるべの会」が発足した。

前年には、患者会の文集第1号が誕生している。表紙は故人となった眞崎秀成さんが描いた。痩せ細った患者が寄り添うように手をつなぐと大きな力になるという意味が込められている。紆余曲折はあったものの、この会は県外の患者家族も参加する形で現在も存続している。

出過ぎた杭は打たれない

医師になって4年目、神経難病、特にFAP（家族性アミロイドポリニューロパチー）の治療法開発のために、まず発症の原因となるアミロイド沈着機構の手掛かりをつかみたいと考え、熊本大の井上正康助教授に指導を受けることになった。

井上助教授（現大阪市立大名誉教授）は、大阪大学医学部蛋白質《たんぱく》研究所から赴任して来られた森野能昌教授の主宰する第二生化学教室で、タンパク質の代謝や活性酸素傷害を研究していた。朝９時ごろに出勤されると、夜は11時過ぎまで家に帰らない熱血研究者で、指導を受けていた大学院生はいずれも早朝から夜遅くまで研究に勤《いそ》しんだ。

井上先生は「大学院生は三つテーマを持て」とおっしゃった。私に与えられた研究テーマは、一つ目が、さまざまな疾患で発生し病態を悪化させる活性酸素分子種の中で、最も重要なスーパーオキサイドを制御することで、さまざまな疾患の病態を改善させる病巣指向性の酵素ＳＯＤ誘導体を開発すること。二つ目は、脳卒中などで起こる脳浮

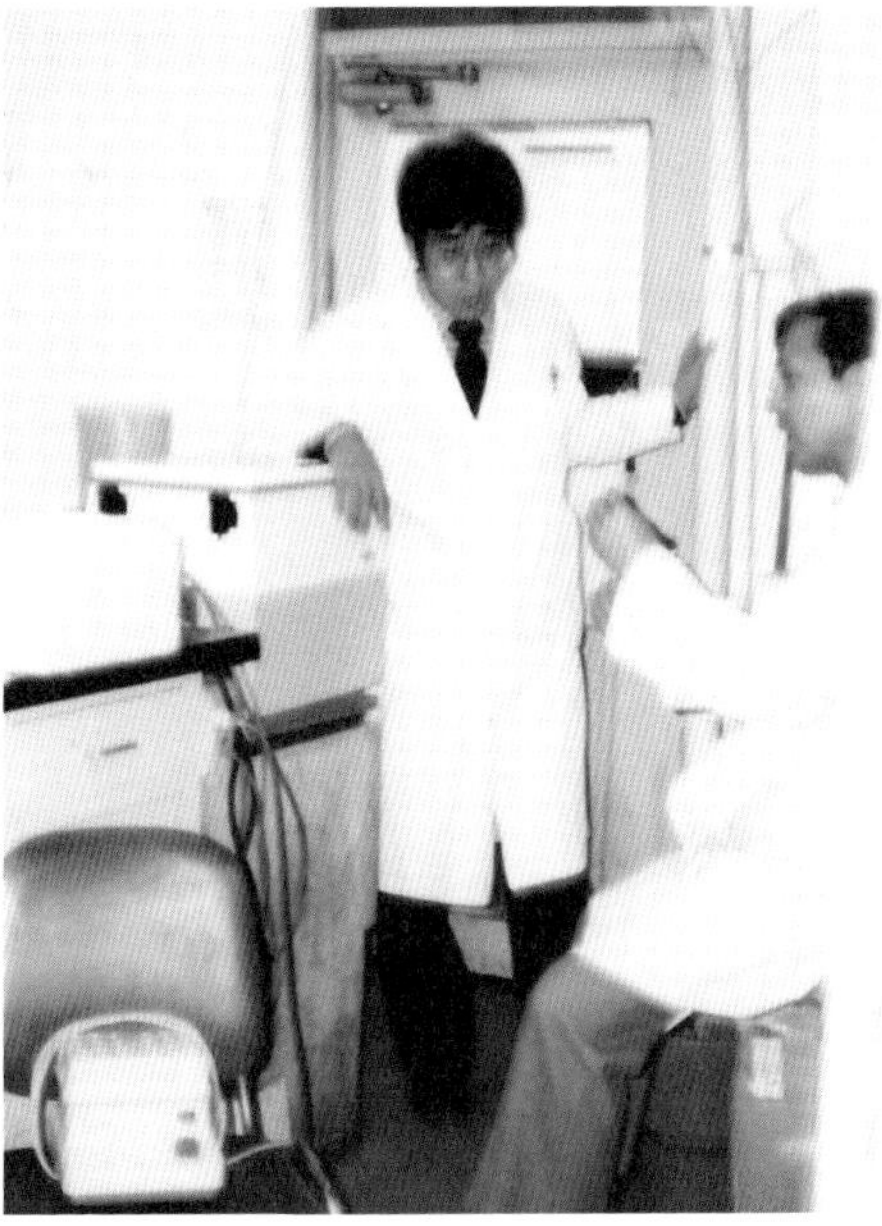

第二生化学実験室で井上正康助教授（右）と筆者＝1987年

腫の病態を明らかにし、軽減する方法を探求すること。そして三つ目は、FAPの原因タンパク質であるトランスサイレチンの代謝動態を研究し病因に迫ることだった。

当時、PCR法が確立され、病気の原因を遺伝子から明らかにする研究が花形となっていた。多くの研究者がまるでゴールドラッシュのようにそうした研究に殺到したが、私は4年間どっぷりとタンパク質の代謝研究の手法を学び、幾つかの新しい知見を情報発信できた。

井上先生の「研究は流行を追ってはいけない。研究テーマを料理だとすると、箸で食おうが、フォークで食おうが構わない。食うことが大事で、解析手法にこだわってはいけない。ここは生化学の教室だが、それにこだわらず、病理学、生理学などの実験手法を取り入れ総合的な医科学を実践するのだ」という言葉がいつも励みになった。

そのころの第一生化学教室は遺伝子研究のメッカのようになっており、次々にタンパク質の遺伝子配列を決め、一流誌に論文を上奏していた。その華々しさに、心中決して穏やかではなかったが、大学院時代の4年間に教わった研究者の心構えと総合的な研究手法が、その後の研究生活で大いに生きた。

井上先生は「出る杭《くい》は打たれる、でも出過ぎた杭は打たれない。だから人を気にせず思った研究をやり通せ。安東は、この中では一番アホやけど、一番大きな仕事をするのはおまえかもな」とよくおっしゃってもいた。当時、第二生化学には臨床の教室から十数人の大学院生や医局員が来ており、充実した研究のディスカッションができたのはありがたかった。

第一内科の1年後輩の宮崎章先生は同じ神経グループに属し、共にFAPの研究を行っていたが、やはり第二生化学の大学院に進み、堀内正公講師の指導の下で脂質代謝を研究した後、昭和大学医学部生化学教室の教授になった。また当時、第二外科から大学院生として井上グループで共に研究していた廣田正彦先生はその後、消化器外科准教授、地域医療センター院長を経て、今は私と同じ長崎国際大学で健康栄養学科教授として教鞭をとっている。先生には大学院時代から随分と助けられた。

人は力、仲間は宝

熊本大大学院修了とともに、私は医局員として第一内科神経グループに所属した。それまでご指導いただいた井上正康先生からは「このまま第二生化学に残り、研究を続ければ大きな発見をし、成功する」と引き留められたが、臨床には捨て難い魅力があったし、何よりFAPを研究しなければならないという強い思いがあった。

無論、研究グループが幾つもあり、その中で埋もれてしまう可能性はあったが、迷いはなかった。第一内科教授の荒木淑郎先生は「引き続きＦＡＰの研究を」とおっしゃったので、医局員という日々雇用の立場であったが快諾した。

しかし、本心は助手になりたかった。アルバイトをしないとお金に困る状態であったし、当時、医局員の身分では科研費（国の補助金）も申請できなかったため、研究試薬を買うのも難渋し、ＦＡＰの治療法を開発するという悲願は風前の灯火《ともしび》のように思われた。

当時の私は企業との共同研究や助成金の申請に明け暮れていた。そんな中、研修2年目の坂下直実君（現徳島大病理学教授、くまもと県北病院病理診断科部長）が「大学院に行って先生の下で研究した

1995年当時のアミロイドーシス研究グループの主なメンバー。前列中央が筆者＝熊本市

い」と言い出した。

ＦＡＰは線維状の異常なタンパク質「アミロイド」が消化管に沈着し、激しい下痢と便秘を交互に起こす。原因究明も大きな研究テーマになることがあり、消化器グループの寺崎久泰君も加わり、次第にＦＡＰ研究グループが組織されるようになった。

その後、田中由也君、山下太郎君、田島和周君、大林光念君、中村政明君、原岡克樹君が仲間に加わり大学院に行くようになり、少しずつ研究内容が充実し、臨床研究を主体とした論文が次々に出るようになっていった。

あのころの我々のグループは、専門はそれぞれ違っていたが、いつも同じ方向を向いていて、目の前にいる患者の悲惨な姿に共感し、何かしてあげたいと自然に思う集団で、リサーチセミナーは夢があって本当に楽しかった。

私が今日あるのはこの時の仲間のおかげである。よく組織に必要なものは、人・金・物という。そのどれが欠けても満足な成果が上がらないのは間違いないが、金と物がなくても優秀な人が集まり工夫すれば、研究は発展できるということを思い知った。人は力、仲間は宝物である。

１９９５（平成７）年、私は助手に昇任し、やっと金と物を自分の裁量で工面できるようになっていった。

遺伝歴に関係なく全国各地にも

ＦＡＰとはFamilial　Amyloid　Polyneuropathyの略で「家族性アミロイドポリニューロパチー」と訳している。

１９５２年、ポルトガルのアンドラーデ医師は、ワインで有名なポルトの漁師がこの病気に侵されていることを発見し、同地にかなりの患者集団がいることを神経学の専門誌「Brain」に報告し、世界で病態解析、診断、治療研究が始まった。

日本では当時、九州大学医学部第二内科で助教授をされていた恩師荒木淑郎先生の慧眼《けいがん》で、荒尾を中心とした地域に患者が集積していることが発見され、この病気の診療、研究の歴史が紐《ひも》解かれた。原因はしばらく分からなかったが、１９８３年に世界に先駆けて、トランスサイレチンという血中に存在するタンパク質の遺伝子変異であることを発見、報告したのは荒木門下生の俵哲先生であった。

１９９０年ごろまではポルトガル、スウェーデン、日本にほぼ限局した病気と考えられていたが、分子生物学的手法の進歩により、トランスサイレチン遺伝子のさまざまな箇所に変異を起こした患者が世界各地に発見されるようになった。

また、この病気が遺伝歴に関係なく、全国どこにでも存在することが信州大、名古屋大との共同研究で分かってきた。FAPは珍しい疾患ではなくなってきた。

トランスサイレチンの、たった1カ所のアミノ酸変異により、体の中にナイロンのようなアミロイド線維が形成されるようになり、30歳代になると四肢末梢《まっしょう》のしびれ、痛み、電撃痛などの感覚障害、運動障害、起立性低血圧、激しい下痢、頑固な便秘、唾液、涙などの腺分泌障害、視力障害が起こる。心臓や腎

恩師荒木淑郎先生（右）と筆者。FAPの研究は荒木先生の薫陶から始まった＝1990年、ノルウェー・ベルゲン

臓にもアミロイド沈着を来し、不整脈、心肥大が起こり、やがて心不全になる。腎不全も起こり、発症から約10年で死に至る難病であった。

患者を悩ませていたのは激烈な症状に加えて、「家族性」という疾患のネーミングである。Familial は直訳で、「遺伝病」を表現しており、家族に遺伝する可能性があることを意味している。

この病気の家系というだけで不当に差別されることも少なくなく、せめて病名だけでもなんとかならないかというのが患者の悲願であった。私が国際アミロイドーシス学会の理事長をしていた2018（平成30）年、学会の用語委員会が「遺伝歴がはっきりしないケースも少なくない」として、正式名を「ATTRv アミロイドーシス」と変更した。

肝臓移植という「希望の光」

1993（平成5）年春、スウェーデン・ストックホルム郊外にあるフディンゲ病院のエリクソン助教授から私のもとに一通の手紙が届いた。それは「国際ワークショップ　第1回アミロイドポリニューロパチー、肝移植」への招待状であった。

ＦＡＰを引き起こす遺伝子変異を起こしたトランスサイレチンは肝臓で産生される。肝臓を正常のものと取り換えれば異常なトランスサイレチンが産生されなくなり病気の進行がストップするという原理は理解できるが、「神経難病に肝移植による治療など、とんでもない。外科疾患ならまだしも、代謝性の神経疾患を移植で治療できるはずがない」。私は手紙を読んで正直、そう思った。

その年の8月終わりに世界神経学会がカナダ・バンクーバーで開催されることになっており、私はすでにその学会に演題を登録していた。「バンクーバーから東回りで世界一周をするのも悪くない」。好奇心

筆者（右）とエリクソン助教授（当時）＝1998年、スウェーデン、病院のパーティーに招かれて

旺盛な私は、そんな興味本位でスウェーデンに行くことにした。

熊本－成田－バンクーバー－アムステルダム－ストックホルム－成田－熊本でうまくスケジューリングができ、果たして9月3日、晴れてそのワークショップに出席した。

当時、消化器内科医として玉名地域保健医療センターに勤務していた妻も、うまい具合に夏休みが取れ、ストックホルムで私と合流することになった。

ワークショップには世界から臨床研究をしている100人ほどのアミロイドーシス研究者、臨床医が集まっていた。そこで発表された思いもかけない結果に私の心は震えた。何とヨーロッパを主体にすでに70人のFAP患者が手術台に上り、脳死肝移植を受け、70%の患者が社会復帰して、その多くは働いているというではないか。

私の患者たちは発症して以来、なすすべもなく進行し、10年で危険な状態になる場合がほとんどだった。私は研究者としての不見識を恥じ、帰国したらすぐ患者会にこの手術の可能性を話そうと居ても立ってもいられない気持ちになった。

夕暮れ時、フディンゲから電車に乗ってストックホルム中央駅で降りた私は、待っていた妻に遠くから叫んで駆け寄った。

「恵ちゃん。見つかったんだ。本当の治療が見つかったんだ」。妻はその日のことを夕暮れ時のストックホルムの美しい風景とともに今でも忘れられないという。

FAPの脳死肝移植の始まり

スウェーデン・フディンゲから帰国して、直ちにFAPの患者会「道しるべの会」で肝臓移植という「希望の光」について話した。

症状の進行した一部の患者は「私はもうよかです。外国で手術なんか…」と諦めたように言ったが、福岡市在住で当時28歳の男性（荒尾市出身）が「母のように苦しみながら死んでいきたくない。安東先生、手術台の上で死んでも構わないのでスウェーデンに連れて行ってください」と言ってきた。

彼の母親は発症後約10年の闘病の後、44歳で亡くなっていた。彼を移植に導くためには越えなければならない、幾つかの障壁がある。まず、世界的にドナー肝が不足する中で移植外科医のエリクソン先生が、日本の患者を引き受けてくれるかどうか分からないという問題がある。

私は夢中でエリクソン先生に手紙を書いた。意外にも事はすんなりと運び、何回かのやりとりの後、「医療費は、スウェーデン人は無料だが、日本から来る場合、最低1500万円はかかる。予期せぬ事態が起きても医療費を払うなら引き受ける」と返信が来た。

移植に必要な大金を用意しなければならないが、まだ若い彼には蓄えがない。募金でいくしかないということになり、地元の方々が中心となり「守る会」が結成され、募金活動がスタートした。

彼は発症して3年近くたっており、進行しつつある。少しでも早く現地に向かわせなければならない。当時、荒尾市民病院の山崎勝美院長、藤瀬隆司内科部長などが大いに共鳴し協力していただき、守る会の方々が街頭募金に立ち、マスコミにも働きかけた。

私も全国放送のテレビ、ラジオ、新聞に出て必死で募金活動を手伝った。移植が受けられない患者家

手術の成功を祈り、夜遅くまで千羽鶴を折る男性の友人ら＝1994年2月、荒尾市

族の方々も募金活動を手伝ってくれた。結果、2カ月足らずのうちに約5000万円が集まり、1994（平成6）年1月、私は彼とともにスウェーデンに渡り、2月23日に無事、脳死肝移植が行われた。経過は良好で7カ月を経て帰国した。

これを機に全国からFAP患者が移植を希望して熊本大に集まるようになり、スウェーデンやオーストラリアに肝移植のために患者を送り出したが、ドナー不足から年々受け入れは厳しくなっていった。

2000年、京都大移植外科助教授であった猪股裕紀洋《ゆきひろ》先生が移植外科教授として熊本大に赴任され、以後親族が肝臓の一部を提供する部分生体肝移植に移行していった。

スウェーデン王国での研究スタート

1995年の秋、主任教授の安藤正幸先生から強い勧めを頂き、翌年4月からスウェーデンのウメオ大学に約2年の予定で留学することとなった。無論、FAPの研究が目的だ。指導していた大学院生が4人もいて最初は随分躊躇《ちゅうちょ》したが、将来のためにもぜひ外国を見てくるようにとの教授のアドバイスを不承不承にも聞くこととした。

同国北部の港町シュレフィテオに200人以上のFAP患者がひっそりと暮らしている。世界で初めてFAPで肝移植を受けた患者もこの町の出身である。この町はウメオ大から100キロほどの距離で、同大のスタッフが診療にあたっていた。ちょうど荒尾と熊本大の関係に似ていた。

留学にあたり、アメリカをはじめ幾つかの大学から誘いがあったが、迷わず日本では無名に近いこの大学を選んだ。

この十数年、FAP研究に一途《いちず》に取り組んできた。確かにさまざまな研究成果が得られ、熊本大は世界から注目される研究グループとなりつつあった。しかし患者の満足の度合いとなると、大きな隔たりを感じないわけにはいかなかった。

確かに肝移植は今後もFAP患者の命を救う一

ウメオ大学内科学教室の懇親会。左端は、FAPの肝移植を提唱したダニエルソン教授＝1997年、スウェーデン

つの貴重な治療法となり続けていくだろう。しかし、これだけに頼っていたのでは何ら本質的な治療法の確立は得られない。今後も日夜努力を続けなければならないし、日本あるいは熊本大といった狭い土俵での研究にうごめいていたのでは新しいものが見えてこない。広い世界に出なければ。私はスウェーデンへ行くことにした。

大学院生の田中由也君、山下太郎君、寺崎久泰君、大林光念君には指導者不在の中で苦労を強いたが、インターネットが急速に発達し毎朝メールでの研究指導ができ、いずれも学位取得にこぎつけることができた。

1996(平成8)年4月1日朝、成田空港を出発した飛行機はアムステルダム経由で夜のストックホルムに降りた。翌朝、カロリンスカ研究所に留学していた第一内科の同門の松本光博先生から中古のベンツを譲り受け、北へ800キロのウメオに向かった。右側通行も道路標識も不案内なまま、高速道路をひたすら走った。

スンツヴァルを過ぎると途端に一面の雪景色に変わり、なんとか雪深いウメオに着いた。ウメオ大の大学病院では身元引受人、消化器内科の助教授ウーラ・スーが笑顔で迎えてくれた。かつてアンデルセン童話で憧れた北欧のスウェーデン王国。北極圏を目と鼻の先に望む新興学園都市での留学生活はこうして始まった。

福祉大国での恵まれた生活

スウェーデンは高福祉高負担の国である。消費税は25％、年収１０００万円ほどなら所得税でほぼ半分は取られる。しかし大学までの学費、医療費の負担はなく、年金制度もしっかりしている。いわば個人ではなく国民貯蓄型の税制と言える。

私は2年滞在したが、1年以上滞在する外国人には惜しげもなくパーソナルナンバーが支給され、国民と同じ扱いとなる。休職扱いとなり、熊本大からいかばかりかの給料が出ていたし、スウェーデンのＦＡＰ患者会「ＦＡＭＹ」も援助する形でウメオ大からサラリーも出ていたので、研究に集中できた。

ノーベル賞の田中耕一先生が考案した質量分析装置を用いた簡便なＦＡＰの診断法の確立、アミロイド沈着機構に活性酸素傷害が関与することの解明、新たな治療法の開発など、面白いように仕事が発展した。2年間で27本の英語論文を書き上げ、帰国後の学術活動の大きな力となった。

私の面倒を見てくれたデンマーク人のウーラ・スー消化器内科助教授は、週末よく家に招いてパーティーを開いてくれた。5月の終わりから8月の終わりまでは白夜に近く、午後11時ごろにやっと薄暗くなり、午前1時になると太陽が早速力強い光を放つのには最初戸惑った。

一方、冬は午前10時過ぎに太陽が弱々しい光とともに昇り、午後2時近くには沈んだ。昼に車を運転していると、太陽光がフロントガラスの下から照り、ブラインドが全く役に立たなかったのには閉口した。真冬は日中でもマイナス20度近くまで下がっていたが、セントラルヒーティングのアパートは暖かく、半袖で過ごしていた。

留学の2年目、妻と暮らすようになり、夏は森を散策し湖で泳ぎ、冬は毎週欠かさずクロスカントリースキーを楽しんだ。白米にこだわりのある私は、ストックホルムの日本食専門店にしばし

スウェーデン・ウメオ郊外の湖で左から妻、義母、長男を筆者撮影＝1999年10月

ば買い出しに行った。スウェーデン人は英語がうまく、研究室では英語で通したため、スウェーデン語は全く話せないまま帰国した。妻は夏、森でブルーベリーを摘んでジャムを作ったり、精肉店で肉を「紙のように薄く切って」と頼んでしゃぶしゃぶ料理を用意したり、スウェーデン語も学び、楽しくたくましく生活していた。北はフィンランドのサンタクロース村から、南はアフリカのタンジールに至るまで、夏休みや冬休みを利用して各国を旅した思い出は何物にも代え難い。

ウガンダ出身研究者は今…

チャールズ・マンブール、当時32歳、ウガンダ生まれ。彼がスウェーデンのウメオ大客員教授の私を頼って研究室を訪れたのは、留学2年目の長い白夜が終わりを告げ、新学期が始まろうとしていた8月の終わりのことである。

彼はスウェーデンに亡命後、ウメオ大に編入され、大学院に入るために必要な20単位を求めてやってきたのだった。

彼の父はウガンダでは豊かな小作農であり教育熱心であった。優秀だったため、名門マケレレ大学化学科に進むことができた。当時のウガンダの人口は約１４００万人。国土は日本より小さいが、何と50を超える部族がひしめき合い、部族ごとに話す言葉が全く違う。「部族間でコミュニケーションの取りようがないので、内紛が起こるのは当然ですよ」と彼は言った。

チャールズ一族はまさにこの内紛のあおりを受け、親兄弟、親族が対立部族によってほとんど殺されてしまった。その時点で生きていたのは、彼とノルウェーで暮らす13歳年上の姉だけであった。「姉はノルウェーで白人と結婚して幸せです」と言っていた。

彼のために作った実験計画書、奨学金嘆願書が審査を通過し、半額返せばよい奨学金をもらえるようになった。午後4時からはレストランに皿洗いのアルバ

FAP患者を支援している「望みの会」の古賀清子会長（右）から研究支援金を贈られるマンブールさん＝1999年、荒尾市

イトに出かけるため、３時半にはオフにして仕事に送り出した。

「教授、私は生きていて良かったですよ。こんなテーマをもらって、こんなに良くしてもらって来年も勉強ができるんですから」と笑った。悲しみや寂しさといった表情はなく、いつもひょうひょうとしていた。

実験テクニックもよく訓練されている上、後片づけが素晴らしい。苦難の生活の中から身に付いた習慣であろう。クリスマスイブには、私の母が毛筆で「友情」と書いた色紙を贈ったところ、「Thank you」の言葉が声にならず、大粒の涙をこぼした。

この話には後日談がある。果たして彼は１９９８（平成10）年、特別研究員として熊本に来た。しかし３カ月たったころ、ノルウェーの姉が交通事故で亡くなり、悪いことに夫側の対応が冷たく、遺児をチャールズに引き取れと言ってきた。

急きょ飛んだオスロからは、その後何の連絡もない。新興宗教に入信したと風の便りに聞いたが、あれから20年余り、彼の消息は不明である。冬が近づくと彼のことを思い出す。生きていてくれればよいが。

「我々は病気を隠さない」

スウェーデンの春の訪れは遅く、5月中旬ぐらいからだが、その後の季節の移ろいは驚くほど早い。暖かくなったと思ったのもつかの間、瞬く間に木々が葉をつけ白を基調とした雪景色が終わり、6月には緑の国に変身を遂げる。そして7月、短い夏がやってくる。

夏の風物詩の一つは日光浴である。中にはヌードに近い格好をして日の光を浴びる若い女性もいる。スウェーデン人はなべておとなしく控えめであるが、プライバシーに関しては時として無頓着で開放的である。

日本のFAP患者は遺伝性疾患の偏見を避けるため、できれば病気のことを伏せておきたいと思う人が多い。スウェーデンでは「自分たちの病気を研究して治療してほしい。そのためには、我々は隠さない」と考え行動する患者家族も少なくなく、その結果、「FAMY」というしっかりした患者団体が結成されて久しい。

私の滞在費の一部はFAMYから出ていたこともあり、3カ月に一度、ウメオから100キロほど北に位置し、多くの患者が住むシュレフィテオに出かけ、FAMYが主催する研究の進捗《しんちょく》に関する報告会に参加した。

驚いたのは、FAMYは時折イベントを開き、寄付を集め、研究機関にその収益の一部を寄付していたことだ。治療法としての具体的なエビデンスもないまま、FAMYの会員であった55歳の会社副社長が初めて肝移植を受けたが、このような自分たちの病気に関する前向きな考え、行動が肝移植治療を切り開いたと言える。

スウェーデンと日本のFAP患者は同じ遺伝子変異を持ちながら、臨床像は大きく違う。日本の患者の多くが30歳代に発症するのに対し、スウェーデンでは50歳以降に発症する患者が多い。また発症する確率は、スウェーデンの患者では10％に過ぎないが、日本では95％が

スウェーデンのFAP患者団体「FAMY」事務局＝1998年、シュレフィテオ

発症する。

この理由について両国の研究者がさまざまな研究を行った。気候、食べ物、生活習慣などの違いが関係しているのかもしれないと考え、科研費を獲得し調査したが、いまだに分かっていない。

不思議なことはまだある。スウェーデンのFAP遺伝子を持つ一卵性双生児で、片方が発症しても、もう片方は発症しないケースがある。生まれてから学校も就職先も同じ、唯一の違いは結婚相手だけということで、配偶者から受けるストレスの違いではないかという、笑うに笑えない話もある。この病気はいまだに解明できないことが多い。

なぜか人には恵まれ続け

1998年4月。スウェーデンから帰国したものの熊本大の神経内科に教官席はなく、第一内科・安藤正幸教授のご高配で中央検査部生理検査室（臨床検査医学講座）所属の助手となった。

中央検査部長、臨床検査医学講座の岡部紘明教授や技師の方々からは大変親切にしていただいたが、教官同士の横のつながりはなく、研究費も、我々が使える実験室も道具もなかった。徳川家康が国替えで、駿府から荒涼とした江戸にやってきた時は、こんな心境だったのかと思うような環境であった。

しかし、人には恵まれ、第一内科所属の寺崎久泰君、大林光念君、坂下直実君などがそれぞれの能力を生かし、独自の研究を展開していってくれた。

寺崎君が勧誘した原岡克樹君は研究や学会発表で重要性を増していたコンピューター操作や病理の解析などで抜群の貢献をしてくれた。

神経内科の田中由也君、中村政明君、山下太郎君、大林君らがコアになり、これに薬学部薬物治療学講座の石崎教授、中川准教授のご厚意

熊本大中央検査部当時の研究スタッフ。スウェーデン、中国、韓国からも参加し、多国籍で組織していた

で同教室の大学院生、松永典子君、山下園加君、畑加奈子君などが加わり、まるで一つの教室のようなアミロイドーシス研究グループが組織された。

なぜか人にだけは恵まれ続け、こうした仲間の努力で科研費や企業との共同研究による研究費を獲得できるようになり、一つずつ実験道具、試薬、実験機器を買い、研究ができるようになったのは2年後のことである。

寺崎君が薬学部生化学教室にあった質量分析装置で、三隅将吾准教授とともに遺伝子変異したトランスサイレチンを簡便に診断するシステムを確立し、FAP患者をスクリーニング（判別）するシステムが出来上がった。

質量分析装置とは島津製作所の田中耕一先生がノーベル化学賞を受賞した解析技術である。わずか2～3時間で診断がつくため、遺伝子診断に加え、補助診断として大いに機能した。

全国からFAPを疑われた症例の診断依頼が相次ぎ、私たちのグループは日本のアミロイドーシス、特にFAPの有数の診断拠点に発展した。多様な変異型のFAP患者が明らかになり、患者も熊本大神経内科に入院してくるようになった。

新しい病態も明らかになり、さまざまな論文を世界に向けて発信した。肝移植治療を行うため、ストックホルムのフディンゲ病院やオーストラリア・ブリスベンの王立子供病院に患者を送り出した。

持つべきもの、仲間、そして何より妻

1998年4月、熊本大中央検査部助手として新しい生活が始まった。留学で物入りだったこともあり、わが家には先立つものがあまりなかったが、当時最新のMacコンピューターの購入費40万円を、妻はどこからか捻出してくれた。

検査部は当直もなく、助手といっても市中の病院の医師とは比べものにならないくらい薄給であった。物やお金にあまりこだわりのない私は、アルバイトもほどほどに、研究に打ち込んだ。

妻は第一内科の消化器グループを離れて、東家病院勤務の後、玉名市の大門胃腸科クリニックで内視鏡検査中心に診療に勤しんでいた。私は研修医のころ、第一内科のカンファレンスで、大門秀光先生が行う胃の透視画像の読みの鋭さに感銘を受けたことがある。熊本有数の消化器内科のスペシャリストである。妻は胃、大腸内視鏡検査のテクニックから超音波エコー検査の奥義、患者の接し方のイロハまで大門先生の薫陶を受けた。また同院の川上孝

男先生にも大いにお世話になった。

次の年に息子慧が、3年後に娘由希が生まれ、妻は稼ぎの少ない夫を支えながら、家事に育児に孤軍奮闘した。いずれの出産後も短期間で職場復帰した彼女のバイタリティーには頭が下がる。

私が安定して研究、臨床に打ち込むことができたのは、ほかならぬ妻のおかげである。今考えると、学会など出張で不在のことも多く、夜は子どもたちが寝ようとするころに帰宅し、家事を一切しなかったのは大きな反省点である。

日曜日の午後、申し訳のように子どもたちの世話をしていたが、子どもたちのイベントには何があっても参加した。また、夏休みだけはしっかりと取り、比較的人が行かない海外に旅

鯛生金山キャンプ場で長男の慧（左）と火をおこす＝大分県日田市

行に出かけた。

何より年に2、3回参加していた国際学会には妻のみならず子どもたちも連れて行き、実際の講演風景を見せられたのは、きっと彼らの貴重な財産になっているだろうと思っている。研究グループの仲間を週末や平日の二次会にわが家に招くこともよくあったが、家族から文句を言われたことは一度もなかった。息子は私を尊敬してくれているようだが、家事を一切しなかった点には常に批判的で、夕食時、「慧君、ご飯ができたよ」と私が呼んだ時、「お父さんが作ったご飯じゃないだろう」と真顔で言われて、はっとしたことがある。あのころよく妻は家出しなかったものだと今さらながら胸をなで下ろしている。

究極の治療「ドミノ肝移植」

海外にFAP患者を送り出し、肝臓移植を受けて帰国するシステムが出来上がったのも束《つか》の間、世界的にドナー（臓器提供者）が不足する中、スウェーデンもオーストラリアも国民感情として自国の患者優先という風潮になってきた。

このころ、親しくなっていたスウェーデンのフディンゲ病院移植外科のエリクソン准教授が「日本人もドナー肝を出さないと、ここで移植を受けることは難しい」と言い出した。

彼の言葉の意味は、日本のＦＡＰ患者の処分すべき肝臓を、今まさに危険な状態にある肝臓がんや劇症肝炎患者の移植に緊急避難的に再度用いたいというものだ。「ドミノ肝移植」という手法である。

この提案は、理論的に妥当だと私は考えた。なぜならばＦＡＰを発症するのは通常30歳以降だ。ＦＡＰ患者の肝臓を移植してもすぐには発症しないだろう。ＦＡＰの肝臓は異常なトランスサイレチン（原因タンパク質）を産生する以外、機能は全く正常で、重症肝疾患患者を救い得るのである。このような根拠に基づいた究極の新たな治療法であった。

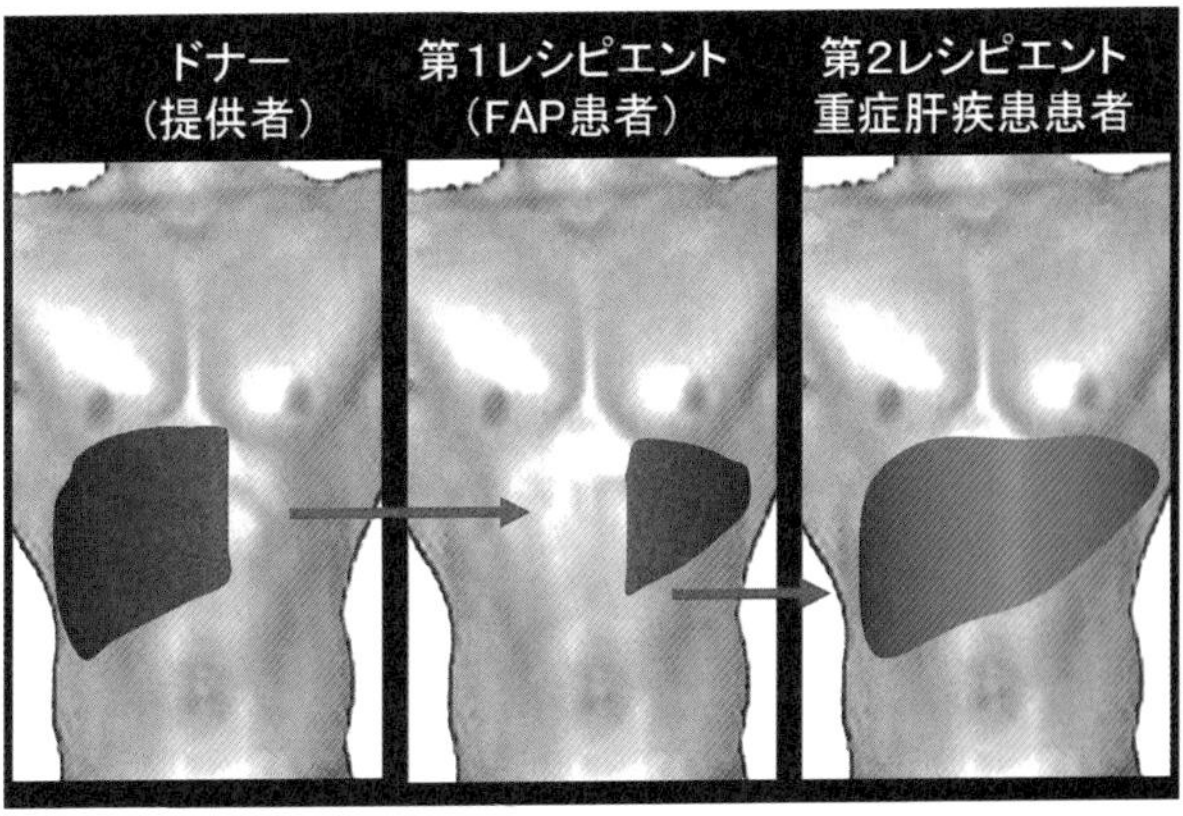

ドナーの肝臓をFAP患者に移植する。FAP患者から摘出した肝臓は、重症肝疾患患者に移植する。ドミノ倒しのように移植される

当時移植で救い得る肝疾患患者数に対し、ドナー肝の不足は深刻だった。3人の患者をフディンゲ病院に送り出そうとしており、摘出された彼らの肝臓を第三者のスウェーデン人に移植してよいか尋ねたところ、全員が「スウェーデンの方のお役に立てるのなら」と快諾した。彼らの肝臓は全てドミノ肝移植としてスウェーデン人に移植された。

1998年秋のことだ。当時、熊本大には第一外科、第二外科、小児外科と三つの移植外科グループがあったが、移植の実績や経験に乏しく、京都大の田中紘一教授が指導に来ていた。私は単刀直入に聞いてみた。

「日本でもドナー肝が不足しているので、ドミノ肝移植をしてもいいのではないでしょうか」

田中先生は、わが意を得たりという顔で「患者がいるのならやりましょう。京都大にはドナーが見つからず瀕死《ひんし》の10歳代の患者がいるので、こちらからお願いしたい」とおっしゃった。

当時35歳のFAP患者が熊本大での移植を希望していて、「人様のお役に立てるのなら」と即答した。果たして、熊本大で摘出されたこの患者の肝臓を空輸し、京都大で10歳代の患者に移植するプロジェクトが1998年11月、両大学で同時に倫理委員会に申請された。京都大では承認されたものの、熊本大では議論が迷走した。

やっと日本でもドミノ肝移植

熊本大のわれわれ第一内科と移植チームが倫理委員会に申請した国内初のドミノ生体肝移植は1999（平成11）年1月、「病的な肝臓を移植するのは良しとせず」という結論になった。

このニュースは全国紙の1面報道となったたし、久米宏の「ニュースステーション」でもトップで扱われた。否決されると何か悪いことでもしたかのように、夜遅く自宅の前にマスコミが押し寄せ取材を強要されたが、その論調は拙速とするものが多かった。

あのころの私はまだ若く、向こう見ずであった。世界でもう普通に行われ始めたこの治療が日本だけ行えないのはおかしいと考え、田中紘一先生に頼んで、50代のFAP患者を京都大に紹介し、そこで直接ドミノ移植をしていただくことになった。

1999年7月、この患者に実兄の肝臓の一部を移植し、患者から摘出した肝臓を、さらに秋田在住と香川在住の重症肝疾患患者に移植する部分生体ドミノ肝移植が行われた。脳死肝移植ではなく、部分生体を用いた一連のドミノ移植は世界に例がなかった。

手術は成功したが、香川の患者は残念ながら4カ月後に多臓器不全で亡くなった。秋田の患者は経過をフォローするため年に一度、熊本に来るようになった。

こうした経験を積み重ね、熊本大でもドミノ肝移植の機は熟し、2000（平成12）年、京都大から猪股裕紀洋先生が移植外科の教授として就任し、やっとドミノ移植が始まった。

京都大病院のドミノ移植には後日談がある。移植から約6年半たった2006（平成18）年2月、秋田在住の患者がFAPを発症したのだ。予想外の早さに私は愕然《がくぜん》とし、この時も全国紙が非難するような論調で取り上げた。しかし、

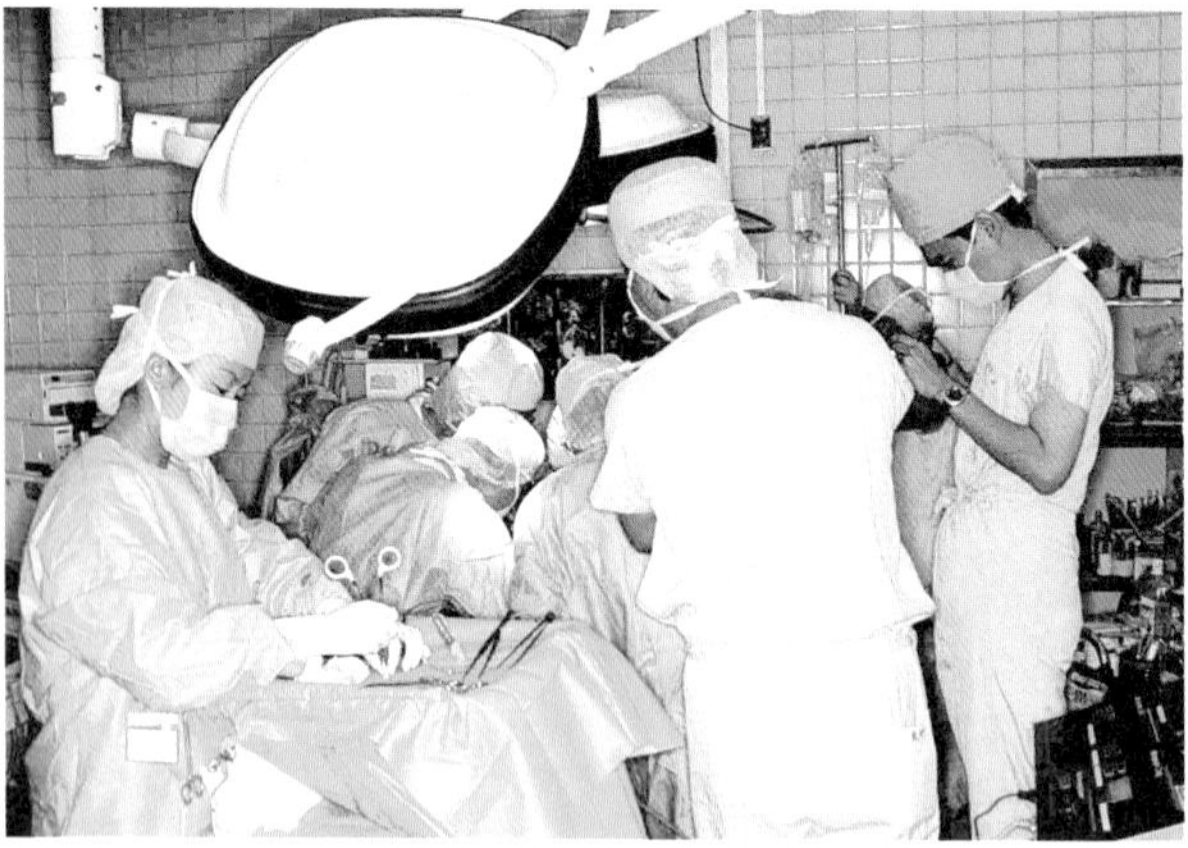

ドナーから肝臓の一部摘出手術をする熊本大の移植チーム（ドミノ移植時）＝2000年12月、熊本大病院

その患者は、我々も国際治験に加わり、新しく開発されたFAPの進行を遅延させる治療薬を飲みながら、現在もご存命である。

「私は安東先生の英断で命を救ってもらいました。移植していただかなければ2、3カ月で命はなかったわけで後悔はしていません」と言ってくれた。

医学は日進月歩である。その後、このドミノ肝移植は世界で2000例以上行われ、余命数カ月の患者が少なくとも数年は生きるようになった。無論望ましい医療ではないことに間違いはないが、少なくともドミノ肝移植は当時必要な選択肢の一つだった。

忘れてはならないのは熊日の記者の方々だ。ある時は好意的に、ある時は鋭い視点で批判的に記事を書いていただき、結果として治療の実現を後押ししてくれた。心から感謝したい。

王様直筆の名誉博士賞

1999年春、スウェーデンから帰国した翌年、ウメオ大学から1通の手紙が届いた。ウメオ大との共同研究で優れた業績を上げた研究者に与える「Honorary Ph.D. Award（名誉博士賞）」に選ばれたという知らせである。

スウェーデン留学中の2年でFAPの基礎的、臨床的研究に関する27本の英語論文を世に出した功績が評価された。授賞式典に出席してほしい、と書いてある。私は迷わず出席の返事を書いた。

その年の10月初め、妻とまだ幼い息子、義母の浅原百合子とともにスウェーデンに向かった。式典の予行演習、受賞講演が前日から行われ、前夜祭もあった。式典はノーベル賞と全く同じ服装、式次第で行われた。もう一人の医学関連受賞者はフィンランド・ヘルシンキ大学の感染症疫学研究者であった。

服装は燕尾《えんび》服を指定されたので、日本から貸衣装を調達して参加した。妻は着物を着たが、その反響は大きく地元紙数社にその写真が載っ

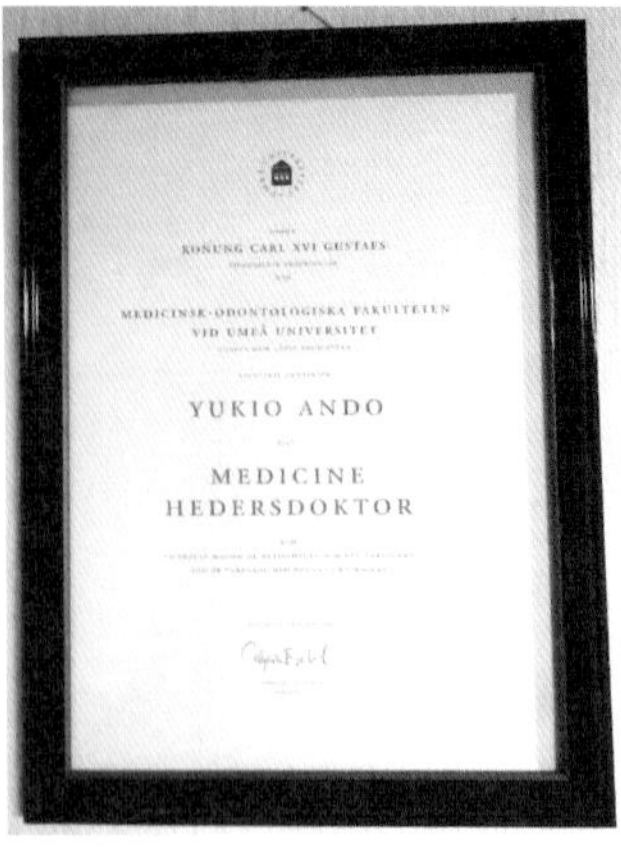

左はスウェーデン国王から贈られた名誉博士賞の賞状。右は授賞式に出席した筆者と妻を報じたスウェーデンの地元紙＝1999年

た。

ウメオ大はスウェーデン北部に一つしかない総合大学ということもあり、その日の夜、大学関連の関係者が一堂に会し、盛大に受賞記念パーティーが行われ、日付が変わるまでダンスパーティーなどが行われた。トナカイの肉がメインディッシュであったが、独特の臭みがあり、決しておいしいとは言えなかった。

博士賞というだけあって、賞品としてウメオ大の校章を刻したシルクハット、私の名前が刻まれた指輪、そして旅費と、いかばかりかの賞金が支給された。指輪は指のサイズを測り、後日ぴったり合ったものが日本に送られてきた。

何より嬉しかったのは、カール16世・グスタフ国王の直筆の賞状を手にしたことであった。終生忘れられない思い出の一つとなった。

私は留学先を知名度で選ばず、ミッションであるFAP研究が最もできる大学という視点で選んだ。結果、日本では全く知られていない、スウェーデンの医学部の中では最も歴史の浅いウメオ大で研究に勤しむこととなったが、その「実を取る」選択は間違っていなかったと確信した出来事だった。

自由診療の切り札「検査カフェ」

1998年に熊本大の中央検査部に移籍し、一番嫌だったのは検査専門医を取得するために「受験勉強」をしなければならないことだった。

検査専門医は内科学、外科学全般の検査を知らねばならない。あまりの範囲の広さに日曜日など気持ちが萎《な》えて、テレビで野球の試合を観戦していたところ、妻が「テレビばかり見ていないで勉強しなさい」と言うではないか。母からも勉強しなさいなどと一度も言われたことがない私は「怒髪天を衝《つ》く」思いだったが、とにもかくにも無事合格した。

検査医学の教授として、中央検査部長、輸血部長を兼務し、血液、生化学、免疫、感染症、生理などの諸検査をシステマチックに行う体制を整備するとともに、検査に不可欠となってきていた遺伝子検査を立ち上げ、それを担うスタッフの育成と検査機器の調達に奔走した。就任時は検査部に旧式のPCR機器1台しかなかったが、競争的資金を獲得しながらさまざまな遺伝子解析を購入し、遺伝子解析の一連のシステムが誕生した。熊本ゆかりの剣豪、宮本武蔵にちなんでMUSASY（Multiple Sample Analysis Systems for Genetic

Examination of Infection and Hereditary Diseases）という英語を充てたところ、評判になった。これには中村政明君が頑張ってくれた。

21世紀に入り、高齢者も増え続け、空前の健康ブームが到来した。市中の病院の検診センターはどこも予約がいっぱいで、1泊2日のドック検診などは半年待ちの状態が続いていた。

しかし、専業主婦は企業で行う検診も受けられず、自分の健康状態を知るすべがない。私はなんとか検査部の施設、機器を使って簡便に健康を知る手だてはないものかと考えた。血液検査全般、心電図、脳波、呼吸機能などの検査機器を使えば、1時間ほどでかなりの検査ができる。自由診療枠で、しかも廉価でこうした検査を提供できないかというのが、私の発想の原点

券売機で利用券を買い、気軽に健康チェックができる検査カフェ＝2009年、熊本大病院

であった。

当時、検査部で助教をしていた植田光晴君に「採血や生理検査に来てコーヒーでも飲んで帰るような感じの検査を提供したい。何かいい名前はないものか」と聞いたところ、即座に「検査カフェというのはどうでしょう」と提案してきた。

この命名は大当たりした。実際に「検査したらコーヒーが出るんですか」という問い合わせの電話があり、うまくいくと確信した。

自動販売機のボタンに肝障害や腎障害、アレルギー、感染症などをスクリーニング（判別）できる検査項目を表示し、ワンコインで利用券を購入してもらい、血液検査や生理検査などを行うシステムが出来上がった。

評判は上々で、徐々に口コミでこの便利な「カフェ」のうわさが広がった。結果のリポートでは、異常を示した受診者に診療科を紹介するなどしたため、多少病院経営に資する活動となったと思われる。

この自販機が、たまたま骨折して整形外科に入院していたＮＨＫ熊本放送局のディレクターの目に留まり、まず熊本ローカルのニュースで紹介された。反響は大きく、九州、全国、さらにはＮＨＫの海外放送や民放のキー局でも報道された。

この検査カフェ、今も熊本大中央検査部でしっかり機能している。ゼロから1をつくるのは常に大変で、当時検査部副部長だった大林光念君にはお世話になった。

エッセイスト歴は23年

病態情報解析学分野（臨床検査医学講座から改名）講師をしていた2001（平成13）年の初め、医学系出版社に勤めていた弟の紹介で、「Medical QOL」という開業医向け月刊誌の編集長である阿部雄二さんから「エッセーを書いてくれないか」と依頼を受けた。「学生時代、ラジオのパーソナリティーをしていたのなら文章もきっと書けるでしょう」というお誘いに、元々書くことが嫌いでなかった私は喜んで受けることにした。

コラムのタイトルは「開業医のための遺伝性疾患の話」と決まったものの、遺伝性疾患の話だけでは読者を引き付けられないと考え、キーワードを映画、病気、恋、人生などに広げ、これまで見てきた映画をこのような観点から紹介しながら私の人生観、社会観、恋愛観などをかぶせていった。

評判は上々で、読者からお手紙やお電話を頂き、大いに執筆意欲がかき立てられた。最初は石の上にも三年、それくらい続けばいいだろうと見込んでいたが、いつの間にか100回、200回と回を重ね、2024年1月の時点で275回の連載を迎えた。

　当初、1話を書くのに2日ほど要した執筆時間も、100話を超えたあたりから筆の運びが早くなり、3~4時間もあれば完成したものを出版社に送ることができるようになった。

　実にこの連載は23年続けていることになる。その間、専門誌「臨床と研究」「検査と技術」などからも映画と病気についての連載の依頼があり、2年ほど掛け持ちでエッセーを提供していた。まるで売れっ子作家のような時期であったが、「継続は力

エッセイスト歴22年の筆者が出版した書籍の数々

なり」で研究や診療に影響が出るほどの負担ではなくなっていたし、何より書きたいこと、紹介したい映画が泉のように湧き出てきた。

出版社のご厚意で3〜4年に1冊ずつこの連載をまとめた形でエッセー集を出版している。「エッセー本というのはノウハウ本と違い、それほど売れない」とはいうものの、どの本もそこそこに売れた。学長となると、やたら挨拶《あいさつ》文や巻頭言を依頼されるが、そうした文章の執筆に苦労したことがないのは、長年エッセーのコラムを持たせていただいたおかげでもある。

「安東家は江戸時代、臼杵、稲葉藩の祐筆をしていた」ことを誇りにしていた父ではあるが、この〝脱線ぶり〟には、「おい、ちゃんと医者はやっておるのか。いまだにたけのこ医者か」と、きっと天国で苦笑しているに違いない。

兄の他界、痛恨の極み

元気だった兄が突然、52歳で他界した。全く何の前触れもなく、この世からいなくなった。あれから20年以上の歳月が流れたが、今なお実感がわかない。一体いつになったら、このやるせない思いが晴れるのか、いまだに呆然《ぼうぜん》とすることがある。

人の別れには心の整理をする一定の時間が必要であるが、そんな時間が全くない別れであった。

東京の大学を卒業し、紆余曲折はあったが、手広くメディア関係の会社経営をし、成功していた。小学生だった私にビートルズの音楽の面白さを教え、文学に親しみ、洋画を楽しむことを、野球を楽しむことを教えてくれた兄であった。彼の攻撃的とも言える性格、生きざまに反発を感じ敬遠しながらも、心の底では尊敬もし、愛してもいた。

順序が逆になり残された老父母は悲惨である。突然の悲報に「長生きし過ぎた」と、ただただ嘆き、涙がとめどなく流れ頬を伝う父とは対照的に、母は呆然としたまま、ついに納骨

5歳ごろの筆者（右）と兄。泣き虫の筆者を兄はひたすら守った

まで一貫して涙を見せなかった。人が本当に悲しみのどん底に追いやられると涙が出ないことを目の当たりにした。

私の小学生のころの大きな楽しみの一つは、夏休みごとに父に連れられて兄とともに郷里の別府から汽車に乗って、福岡・平和台球場での西鉄ライオンズのゲームを観戦することであった。それも兄との思い出そのものである。

男の兄弟とは薄情なもので、医学と文学の道に分かれて進んだ私たちは、格段親しく付き合うこともなく悲報の日を迎えた。私は、男の兄弟というものは気持ちがどこかでつながっていれば別にべたべたする必要もないものと勝手に思っていたし、頻繁に上京しても日帰りが多く、東京・葛西の兄の家を訪れることもほとんどなかった。

小説家を目指し文学部に進んだ兄であったが、50年も前に「早稲田文学」に載った『オーサミーズデッドウイット』という短編小説が彼の遺作となった。もっともっとたくさんの思い出を残すべきだった、もっともっとたくさんのことを相談すれば良かった、などと思い続けるが、すべて後の祭りである。

兄の死後、父を看取《みと》り、母を妻とともに介護している。今でも生きていてくれればと思わない日はないし、小さいころ泣き虫な私をひたすら守ってくれていた兄のことが恋しくてならない。

弟の思い出

私は男ばかりの3人兄弟で、5歳違いの兄と8歳違いの弟がいる。母には女の子が欲しいという悲願があり、私が7歳のころ、女の子を授かることを信じて、いわゆる「妊活」に入った。「色の白いは七難隠すというから、色白の女の子を産まねば」と一念発起し、まるで願をかけるように、好きなコーヒーや嗜好品を全てやめて、常時臨戦態勢で臨んでいた。

妊娠して十月十日《とつきとおか》、私たち家族はかたずを飲んで1961（昭和36）年11月21日、出産の日を迎えた。夕方、父は母が入院していた産婦人科から

5歳のころの弟。母と（別府、自宅駐車場）

帰ってきて言った。「また男だった」。この「また」という言葉から、大して気にも留めていないように見えた父も、大いに期待してこの日を待っていて、結果に落胆が隠せなかったことが窺《うかが》える。

確かに弟は兄や私より色白であったが、わんぱく少年からやんちゃな青年に成長していった。当時、医学部生だった私を頼って別府から熊本高校に越境入学したが、当初の医師になりたいという希望を叶えることなく、東京の大学の薬学部に進んだ。父はこれを、「自分の跡取りができた」と喜んだ。卒業後、しばらく公立病院に勤務した後、東京の医学関係の出版社で働いた。今は京都に移り住み、また薬剤師として働いている。小さいころは、兄や私と少し年が離れていたし、両親の最後の子どもということもあり、ジェラシーを感じるぐらい母からかわいがられていた。思春期になり放蕩息子ぶりを発揮し、両親や私を心配させた時期もあったが、社会人になった後は落ち着き、いつも両親のことを心配してよく別府に帰省していた。心優しい男である。

検査医学教室の大いなる発展

2006(平成18)年7月、熊本大病態情報解析学分野の教授に選出され、同時に検査部長、輸血部長を兼任した。

まず考えたのは今後の研究の展開である。検査医学には病棟もなければ、ケアすべき患者もいない。アミロイドーシスの研究だけでは新たな研究者は集まらないし、検査医学会をベースに研究を展開するには不十分であると考えた。

当時、折につけご指導いただいた名古屋大神経内科教授、祖父江元先生は「神経疾患とがんは、いったん病気が起こると抑制が利かなくなるという共通のメカニズムがある。がん研究からヒントを得ることも多い」というのが口癖だった。

その言葉を思い出し、がん研究も一つの柱にした。人を集めるのは得意である。次第に大学院生として多くの医師、コメ

2006年、熊本大病態情報解析学分野の教授に就任した当時の検査技師、教員、大学院生ら

ディカル（保健学科から田崎雅義君、末永元気君ら）が集まるようになった。また留学生として中国から孫続国さん、蘇由さん、郭さん、韓国から金在美さんなどが大学院生として加わったことも研究の幅を広げるためには大きかった。

臨床系の教室からの大学院生として、神経内科は三隅君、大嶋君、整形外科は末吉君、柳沢君、歯科口腔外科は神力君、太田君、乳腺外科は指宿君、林君、消化器外科は岡部君、移植外科は大矢君、磯野君、マニュエル君、脳外科は工藤君、眼科は川路君、原君などが私の教室で研究し、学位を取得していった。

修士の大学院生として保健学科の教授になった大林君の教室から卒業研究生を送ってもらい、検査部の教室としては全国で類を見ない大きな教室に発展した。

検査部は臨床研究機器の宝庫である。それらをうまく活用しながら、アミロイドーシスもがんも新しい知見が次々に明らかになっていった。

その時の大学院生の一人が植田光晴君で、当時から斬新な発想、理論的な実験データの解析には目を見張っていた。新しい検査法の開発、アミロイドーシスの病態解析、治療法の開発など、さまざまな研究を共にした。私の後任として脳神経内科の教授を引き継いでくれるとは、その時点では思っていなかった。

検査技師にも随分優秀な方々がいて、検査部業務のみならず研究でも助けられた。とりわけ私が赴任した時、主任をしていた杉内博幸技師は、ＨＤＬ、ＬＤＬの新たな解析法を世界に先駆けて開発し、アメリカ臨床化学賞や日本の臨床検査学会の賞を受賞するほど生化学分野には精通しており、献体部門の運営や、検査医学の学術的な知識の教えを請うた恩人である。人望があり、熊本保健科学大学の教授と副学長を兼任していた。

池田勝義さんは、私が教授になり3年目に検査部技師長が空席になった折、産業医科大学検査部の主任をしていたが、三顧の礼で技師長に迎えた。それまで検査部は人間関係が決してうまくいっているとは言えなかったが、新技師長の卓越した手腕と人間力で、皆が一つの方向を向いた検査部が誕生した。彼の生化学関連のデータの読解力は群を抜いており、検査カフェの運営においても大いに助けられた。２０２１（令和３）年、64歳の若さでがんに倒れたのは痛恨の極みである。

「チーム安東」被災地へ　東日本大震災

２０１１（平成23）年3月、東日本大震災の直後、わが熊本大病院も1週間交代で医師、コメディカル、事務部からなる6人編成の支援チームを派遣することが決定した。

3月下旬は送別会や大学内の会議などが震災の影響でほとんど取りやめとなり、私にとっては1年のうちで最も余裕のある日々になってしまった。

一方、3月26、27日は日本臨床化学会、臨床検査医学会の理事会や会合で東京に行くことになっていた。東北地方の惨状を思うと、熊本から東京まで行きながら、もう少し足を延ばせばたどり着くはずの被災地に背を向けてそのまま帰る自分を想像できなかった。

「俺、どうしても石巻に行きたい。1人でも多くの患者を診て、1人でも多くの悲しんでいる人々の話を聞いてあげたい。ここで怯《ひる》

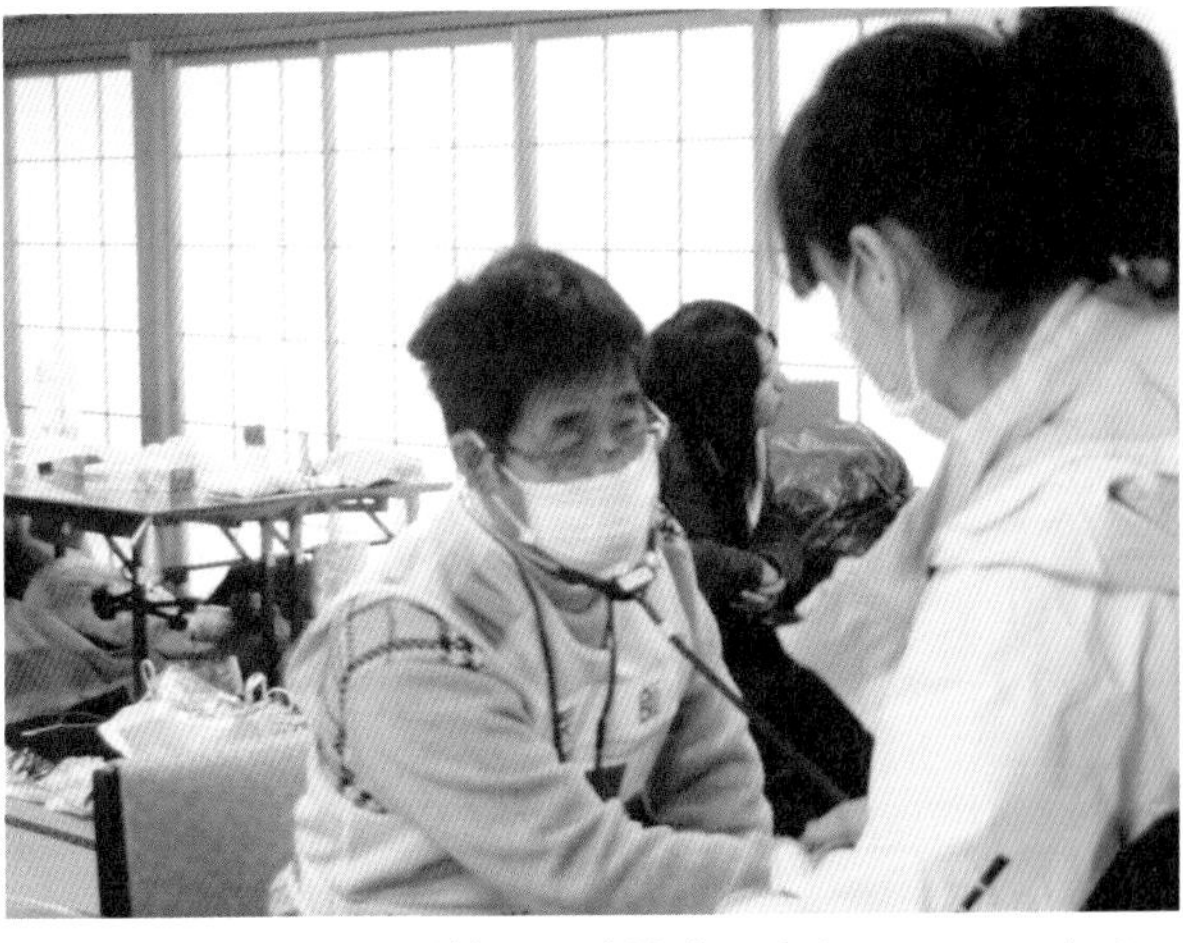

石巻赤十字病院に到着し早速診療に当たる＝2011年3月、宮城県石巻市

んだら、30年近くも医者をやってきた自分を裏切ることになってしまう」

今読み返すと気恥ずかしい文面だが、私はその時の思いを込めて妻にメールした。1時間もたったであろうか、妻からメールが返ってきた。

「日本の救世主になってください」

このせりふは福島第一原発事故の処理に向かう東京消防庁・緊急消防援助隊総隊長の妻が、建屋と原子炉に立ち向かう夫に宛てたメールである。

「あなたは言い出したら聞かない、好きにして」という気持ちも含まれていたのだろうが、思いは総隊長の妻と一緒だと勝手にそう思った。私の心は決まった。

まずは大学の金庫番である事務部長の福永重智さんを説得。病院長の了解を得て学会理事会の後、山形に飛び、そこでレンタカーを借り、仙台を経て石巻まで向かう旅程に決めた。

調べると山形から仙台に入るには雪の積もる蔵王を越えなければならない。雪道、凍った道路を一人で運転できるのか、地震でひび割れた道路でパンクして立ち往生しないのか、ガソリンは調達できるのかなど、全てが不安であり、しかも教室員が全員反対していた。

しかし、私の気持ちが覆ることはない。早速秘書3人と大林講師、私で「チーム安東」を結成し、何があっても困らないように徹底して道路状況を調べ上げ、あらゆる困難を想定し、トラブルシューティングを用意した。そして、私は神経内科医として、検査医学教室、検査部・輸血部の教授として、教室員、検査部員に決意のメッセージを送った。

混乱と喪失感の中で懸命の診療

東日本大震災当時、東北地方はガソリンが手に入らない状況だったが、福永重智さんの差配で、山形空港に着くと燃費の良いトヨタ・ヴィッツをレンタカー会社が用意してくれていた。

トランクにはきっちり20リットルのガソリンタンクが積まれていた。福永さんは「安東先生、日本の危機です。良いと思うことはどんどんやってください」と気前のいいことを言って送り出してくれた。

果たして山形空港から140キロほど離れた石巻赤十字病院にたどり着くまで、出発して2時間も要しなかった。福永さんは緊急車両として手配してくれていて、高速道路も無料、速度制限もなかったため、雪道の中、全速力で走った。

余震が断続的に続く中、その日の午後から石巻赤十字病院で診療が始まったが、診療室は足りず、外来患者用の椅子を使って100人近い患者をさばいた。津波で薬が流された患者、感冒、不定愁訴など、言葉は悪いが、混乱の中で芋の子を洗うように懸命に診療にあたった。

夕方、先発隊の消化器外科、馬場秀夫教授のチーム（検査技師1人、消化器外科の医局員1人、薬剤師2人）と合流し、全国から集まった医療人とともに、合同カンファレンス（会議）があった。掛け値なしに、何かできることはないかという医療人が200人ほども集まっていた。驚いたことに、「必要な薬は自分で薬局に行って必要なだけ持って行ってください」という言葉まであった。

翌朝から被災地を巡回する計画が練られた。在校生の8割がいなくなった学校や避難所にとりあえず身を寄せた人々、神経疾患で倒壊寸前の家屋

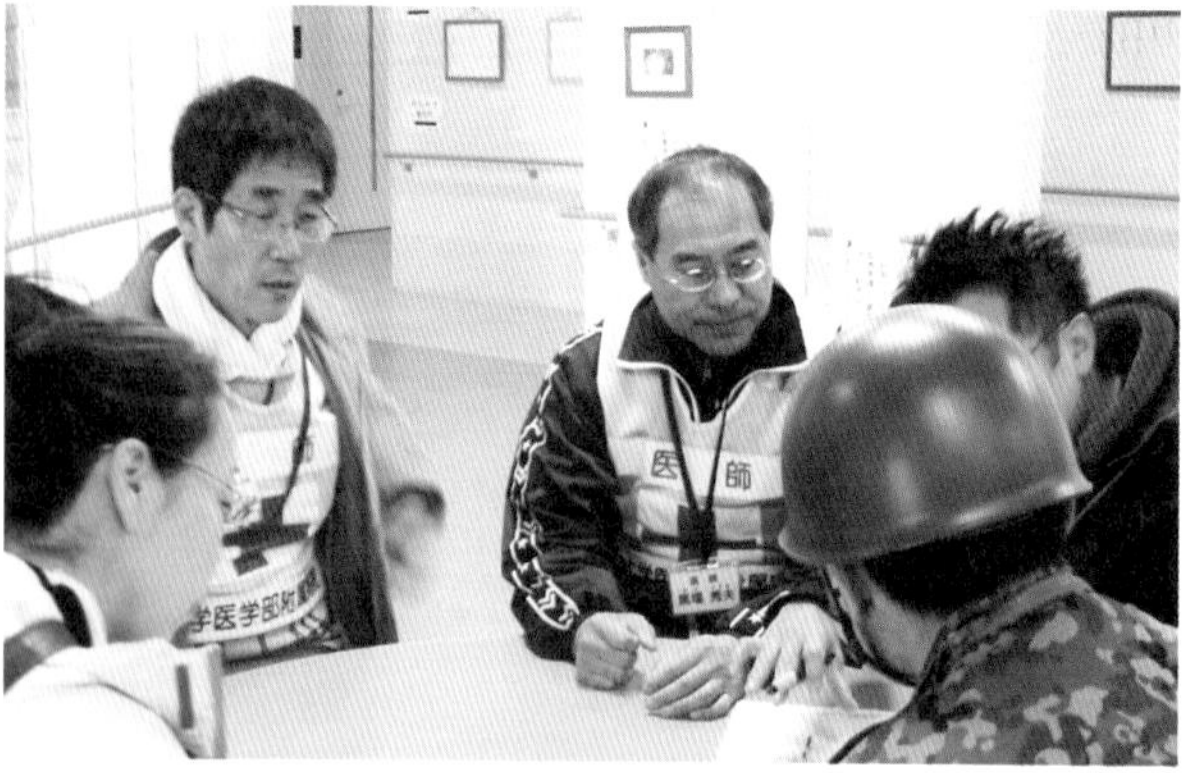

石巻赤十字病院で早朝のカンファレンス（会議）に臨む筆者（左奥）。右隣は馬場秀夫・熊本大消化器外科教授＝2011年3月、宮城県石巻市

に仕方なく寝ている人、状況はさまざまだったが、どの人も予期せぬ自然災害の中、言いようのない喪失感の中にいた。

夜には熊本大から支援物資や食料を積んだ5トントラックが到着していて、電気、水道が利用できない中でも、カップ麺などの食料物資は十分あった。

4日ほどして熊本に帰り、迎えに来た妻の顔を見た途端、とめどなく涙がこぼれた。自分には愛する妻がいて、生きていることのありがたさを実感したとともに、不運にも命を奪われた東北の人々のことを思うと不憫《ふびん》でならない、という錯綜《さくそう》した気持ちが自然と涙を流させたのであろう。

当時小学4年生だった娘はずっと心配していたのだろう。私を見つけるなり、しばらくしがみついて離れなかった。

「ガチンコ相撲」勝ち抜いて

熊本大中央検査部ではさまざまにダイナミックな研究ができたが、臨床研究を行う上で最もの足りなかったのは、大学病院で直接患者を診断・治療する時間と喜びを得られないことであった。

　検査部に移籍してからも大学や外勤先で神経内科の診療は続けていたし、研究内容も学会活動もFAP、アミロイドーシスを主体とした神経内科領域のもので、何より神経内科疾患の診断・診療には自信があった。そんな中、神経内科の内野誠教授が2011年3月に退職されたことに伴い、教授選考が始まった。

　私は当時、検査医学領域の学会である日本臨床化学会の理事長、日本臨床検査医学会の副理事長をしていたので、そのまま検査医学で終わろうという気持ちが強かった。だが、第一内科時代から懇意にしていただいた1年後輩の微生物学教室・赤池孝章教授に聞いたところ、「安東先生はそもそも神経内科で名を成した人だから、神経内科に

野球好きの筆者は神経内科教授に就任早々、神経内科野球部 Babinski's を発足させた＝2012年３月、就任祝賀会で

戻るのは当然のことで、書類を出せば、教授会でもすんなり通るだろう」という話であった。

葛藤の末、公募締め切りの最終日午後5時に書類を提出した。

ところが話は全く違っていた。「そもそも安東氏は検査医学のスペシャリストとして教授に選ばれたのだから、横滑り人事はけしからん。大体、神経内科が分かるのか」というような激しい主張をする教授まで現れ、私を中傷する怪文書まで流れた。加えて、ひとかどの立候補者が書類を提出したことで、選考は混戦の様相を呈するかに思われた。

私は「なるようにしかならんだろう」と腹をくくり、3人の候補者による公開発表を切り抜け、投票の日を迎えた。結局、医学部の規定である3分の2以上の支持を得て、神経内科の教授に推挙され、2012（平成24）年1月に就任した。

この話には後日談がある。熊日が翌2月、熊本大医学部の教授選考を連載で取り上げた際、神経内科と明記されてはいないものの、「研究実績が重視された」「異例の選考」と学外の専門医の見方を記載した。私は、臨床力でも遜色ないと思っていたので、腹は立ったが、期せずしてその記事では、何より大学人として最も大事な研究力を評価してもらったのだから、それで良しと胸を張った。

異なる専門領域の教授選に2回出願し、堂々と「ガチンコ相撲」を取り、勝ち抜いた教授は、熊本大では私以外いないという話もあった。

医局発展へ人材育成

神経内科教授就任時の2012年1月、医局在籍者はわずか12人であった。前任の病態情報解析学分野（検査医学）では、当時10人ほどの大学院生を指導していたので、保健学科の卒業研究生や秘書なども連れて合流し、途端に三十数人の組織が出来上がった。

診療については、前田寧君、山下太郎君、山下賢君、本田省二君、平原智雄君、高松孝太郎君、三隅洋平君、植田明彦君、森麗君など力のある中堅の医局員がいて、一生懸命に「新生安東神経内科」の臨床を支えてくれたため心配なかったが、研究力はこれからといったところだった。

また秘書スタッフにも恵まれた。教授秘書の奥村祐加さんは、分刻みで目まぐるしく変わるスケジュールの管理を完璧にこなし、私がうろ覚えの案件もエレベーターに乗り込むまで追いかけてきて確認してくれたりした。英語のスペシャリストの日田敬子さんや、広瀬淳子さん、技術補佐員の桂浩子さん、岡美佳さんなど忘れ得ぬ人々である。

進藤誠悟君はその年の4月から血管内治療専門医の資格を取るために国内留学が決まっていたが、彼には人を引き付ける力があり、創生期の医局の発展に欠かせない優秀な人材と考え、延期してもらった。彼はその後、兵庫医科大の吉村教授の教室で3年間、研鑽《けんさん》を積み、血管内治療の専門医の資格を取り、熊本の脳卒中治療を担う中心メンバーの一人として熊本大で活躍している。

私が教授になった時、熊本県での血管内治療の施行数は全国で下から2番目だったが、今は専門医も増え、熊本赤十字病院、済生会熊本病院、熊本大病院、杉村病院（杉村勇輔理事長）などで積極的に行い、患者を救命している。

研究は、アミロイドーシスに関しては臨床、基礎研究ともに人が集まり、大学院での研究を志望する

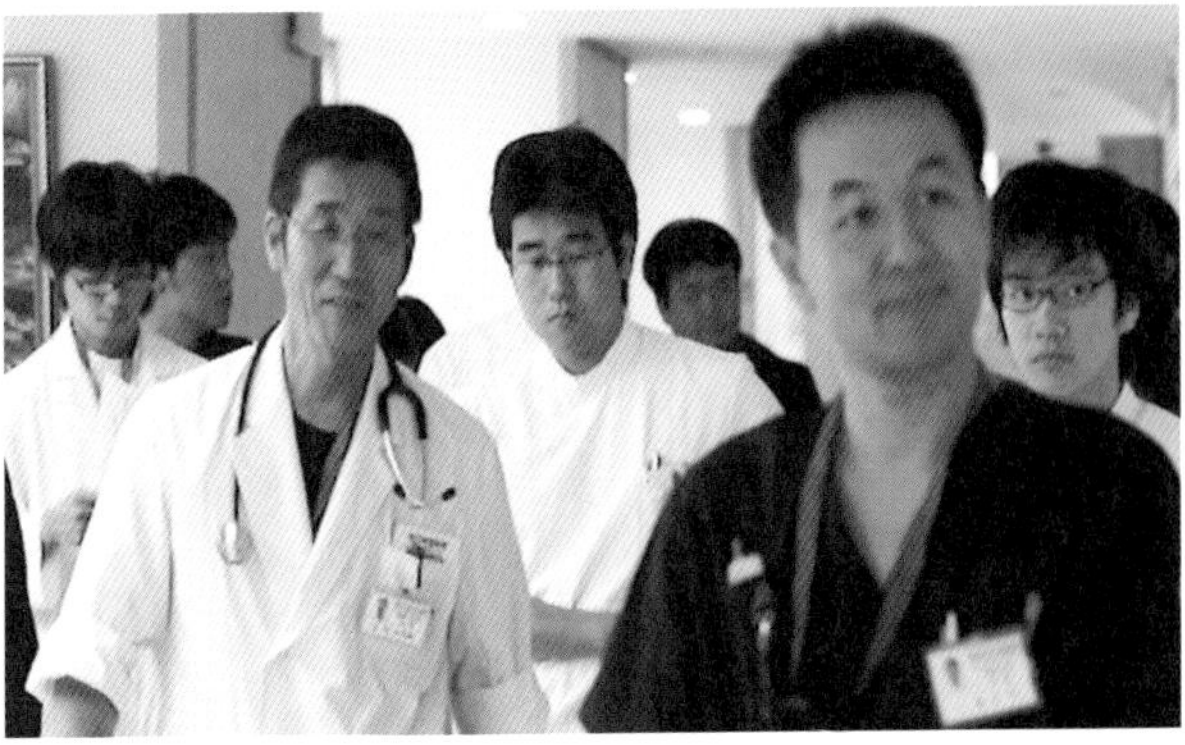

毎週月曜午後、医局員ら全員が参加して夕方まで入院患者の総回診を行った。左手前が筆者＝熊本大病院

者も少なくなく充実していった。途中から入局してきた増田曜章君は臨床力が素晴らしく、FAP患者の臨床症状に着目し新しい知見を発表していった。

アミロイドーシス以外の研究は整備する必要があった。筋疾患、脳血管障害、免疫疾患、パーキンソン病研究などの各グループを組織し徐々に育てていった。

池田徳典君（現崇城大学薬学部准教授）は、臨床研究には医療統計の専門知識が必要だと考え、大学院を修了し、医学博士をすでに取得していたが、久留米大学で新たな学位を取得し、教室員の臨床研究の論文を側面から支えてくれた。

同時に着手したのは入局勧誘であった。人は力である。脳卒中治療薬として、血栓溶解剤「tPA」が登場し、救急外来での神経内科医の需要は高まるばかりなのにもかかわらず、神経内科への入局者は過去数年大きく落ち込んでいた。

これには関連病院の先生方も危機感を共有し、神経内科に入局を考えている研修医と向き合ってくれた。私も入局してくれそうな研修医の情報が入ると、休みを返上して、宮崎、鹿児島、沖縄と足を運んだ。台風が襲来する直前に、与論島まで飛んで神経内科診療の面白さ、重要さを一晩語り明かして説得し、入局してくれた研修医もいた。

「医局員は家族」数多い思い出

神経内科への入局勧誘を地道に続けた結果、入局者は順調に増えていった。私の在任中の7年余りで若くやる気のある50人近くが入局し、ピーク時には医局在籍者は大学院生などを含め50人を数え、全国の神経内科教室の中でも有数の医局が出来上がった。

組織が大きくなった時、必要なものの一つは、組織内のアフターファイブの交流、イベントの実施であり、笑いのある医局をつくらなければ発展しないと考えた。私は医局員とともに火の国まつりの「おてもやん総踊り」にも参加したし、ほとんどの臨床の教室で行わなくなっていた医局旅行は病態情報解析学分野の時から毎年夏に必ず行った。

わが神経内科のスローガンは「医局員は家族」で、医局旅行には医局員の家族、病棟看護師などを積極的に勧誘し、毎年参加者は100人を超え、バス2台をチャーターして出かけた。急変する患者もあるため、遠くにはいけなかったが、近郊で温泉のある旅館を選び、一夜を過ごした。

ワイワイ騒ぎながら皆で入った草枕温泉、七城町の七城温泉ドーム横のコテージでのバーベキュー、阿蘇の雄大な風景を見ながら囲んだ内牧温泉の夕食、湯の児温泉に向かう途中、皆で泳いだ芦北の海、全員で力を合わせた長洲の海岸での地引き網、毎年成長する子どもたちと囲んだ手持ち花火…、その一つ一つが私にとっての宝物であり、全てが変わらぬ感動とともに今でも走馬灯のように駆け巡り心に迫ってくる。

必ず夏には庭でバーベキュー、年末にはわが家で餅つき兼クリスマスパーティーを開いた。妻は私と医局を盛り上げるために絶えず努力を惜しまなかった。重さ数十キロもある本物の石臼を量販店で見つけ、ニコニコしながら持ち帰ったのには驚いた。毎年それを使い皆で餅つきをした。同時に中国人留学生も本場仕込みの数種類のギョーザを、肉をこね、皮をのばすところから作ってくれ

熊本大神経内科の医局旅行で、約100人が参加して地引き網を楽しむ＝長洲町

た。当時、熊本市北区飛田の一戸建ての自宅に、持ち寄った料理とともに家族合わせて70～80人は集まり、あっという間に時間が流れた。

あのころは本当に楽しかった。全ての医局員とともに、仕事、家事、育児を抱えながら、何があっても毎回欠かさず参加して、これらのイベントを盛り上げてくれた妻には心から感謝する。医局長として1～2年間、医局の要になってくれた山下賢君、中島誠君、渡邊聖樹君、小阪崇幸君、高松孝太郎君には随分お世話になった。

未知の疾患の新たな診断拠点に

神経内科の教授を拝命するにあたって、診療面でまず心がけたのは、可能な限り熊本県、地域病院との風通しを良くすることであった。

数年前から派遣できていなかった水俣市立総合医療センター、荒尾市民病院などは医局員にお願いして、2～3年のローテーションで赴任してもらったし、不足している市中の病院の神経内科医の補充に心がけた。民間の病院の神経内科にも医局員を派遣した。

水俣病の検診も当初は私自ら赴いたが、年々忙しくなる中で次第に足が遠のいていったのは反省点の一つだ。

2013（平成25）年、県から地域医療再生事業の予算を頂き、アミロイドーシス診療体制構築事業を立ち上げた。これは脳神経内科の植田光晴教授に引き継がれ発展している。全国のアミロイドーシス患者の診断、病態解析、治療を一手に引き受けるという、当時唯一無二の事業で、全国から年間数百の診断依頼の検体が集まり、わが国のアミロイドーシス研究の発展に大きく寄与した事業となった。忘れてならないのは、神経難病であるＦＡＰを患った患者の心のケアである。検査医学時代から保健学科准教授の柊中智恵子先生、修士の学生時代から胎動を共にした岡嶋美代さんらが、ボランティアのように、遺伝子診断や移植を受けた患者の心に親身に寄り添ってくれ、ありがたかった。

筆者が教授に就任した新たな神経内科をPRするDVDの表紙

県知事の蒲島郁夫先生には公私ともにお世話になった。神経内科同門会で、ご自身の半生を語りながらの講演は聴衆の心を打ったし、私が主催し、熊本市で開催した国際アミロイドーシス学会の祝宴では、くまモンと並んで、流暢《りゅうちょう》な英語ですてきな挨拶をしていただいた。私のみならず、妻まで夕食に招待してくださった思い出は、私の欠かせない宝物の一つになっている。

もう一つ、思いもかけず神経内科に診断拠点が出来た。日本医療研究開発機構（AMED）が推進する未診断疾患イニシアチブ（IRUD）という国家プロジェクトである。15年に始まり、診断もつかず治療法もない未知の疾患を、最新の遺伝子診断機器を用いて診断しようとするものだ。当時、東京都立神経センター長であった水沢英洋先生の統括の下、同年に熊本大神経内科が九州の診断拠点病院に選定された。

このプロジェクトは現在も行われており、脳神経内科の三隅洋平准教授が事務局長をし、各診療科から診断のつかない未知の疾患の診断依頼が舞い込んでいる。中には世界で初めての原因遺伝子や遺伝子変異が特定された疾患もあり、わが国の医学の進歩に寄与している。

天災は何度も忘れたころにやってくる

2016（平成28）年4月14日午後9時26分、それは何の前触れもなく始まった。熊本大からマンション9階の自宅に帰りつき食事も済ませ、リラックスしていた時、「ドーン」という音とともにまず突き上げるような揺れが起こり、続いて激しい横揺れが数十秒続いた。「どうしていつまでたっても揺れは収まらないのか」。その短い時間に感じていたことだ。外出していてやっと携帯電話がつながった妻に向かって、私は叫んだ。「君は元気か？ 娘は？」。妻の元気そうな声がはじけた。「花瓶、壊れなかった？」。妻はそう来るのか。私を差し置いて花瓶の安否を尋ねるなんて。花瓶とはスウェーデン留学中に買った、比較的高価な思い出の品だ。この時点では彼女の元気な声、彼女らしい、明るい唐突な言葉に日常が戻ってきたような気持ちにもなった。

「そうだ。地震国日本にあってこれは大したことではないのだ。もう大丈夫」。そう思いたかった。

だから翌日の夜は前日の睡眠不足も手伝って0時前には深い眠りに落ちていた。土曜日の午前1時25分、1回目の地震よりもはるかに大きなドーンという音の後、突然私たちの部屋は、しなるように横に繰り返し揺れて、部屋ごとちぎれて飛んでいくような恐怖に襲われた。

突然の予期せぬ状況の中で、妻は必死に娘に覆いかぶさり、狂ったように何十回も名前を叫んだ。「由希ちゃん、由希ちゃん…」。その声は今でも私の耳にこびりついている。

私は娘や妻が、もしかしたら喪《うしな》われていくのではないかという恐怖を感じながら、「大丈夫、大丈夫」と根拠のない言葉をうわ言のように発し、妻の背中をさすりながら地震が収まるのを待った。その数十秒の長かったこと、まさに一日千秋の思いとはこのことである。

一段落ついた数日後の夕暮れ時、娘と二人で

熊本地震から１週間、最も被害の激しかった益城町総合体育館で一医師として診療に当たった筆者（左から２人目）

やっと開店した近くのスーパーに買い物に行った。「由希ちゃん、まるで今回の地震がうそのような、涙のこぼれそうな快晴の空だね」。娘はにこやかに笑っていた。

こんな美しい姿を見せる自然があんな過酷な試練を我々に与えるとは。「天災は忘れたころにやってくる」（寺田寅彦）。何という的を射た、そして忌まわしい言葉であろうか。医療は病気の予防や治療には何らかの力を発揮してきたが、自然災害に対してはいつまでたっても無力であるように思えてならなかった。

「医師は我々の天職だ」

熊本地震当時、表参道吉田病院に長期入院していた父母の介護のため、一時的に住んでいた南千反畑町のマンションでは、電気、水道が止まり、生活は不可能と判断した。午前2時過ぎにマンションを出て、まず大学へ急いだ。

教授室は本が雪崩を打ったように散乱し、花瓶、プレートなどが割れていて足の踏み場もない。研究用に患者から採取した血液や生検組織を収納したマイナス80度の冷凍庫は電源が止まり、いかんともし難い。病棟の当直医に電話したところ、「病棟は耐震設備がしっかりしており、大して揺れませんでした。患者は全員問題ありません」という元気な声が返ってきた。飛田の自宅に着くと、電気もガスも使えることが分かり、短い眠りについた。

翌朝、学生課の職員と、学生の中で少なくとも死傷者がいないことは確認したが、自宅やアパートに住めなくなった学生が数十人に上り、とりあえず研修センターの会議室を24時間開放した。50人ほどの医局員に連絡が取れない者はおらず安堵した。

余震は収まらず、避難所には人があふれ、汚れたトイレを使用するにも2時間かかる状態が続いていた。水がない、粉ミルクが調達できない。半壊、全壊の家は数えきれない。一見頑丈そうに見えるマンション、アパート

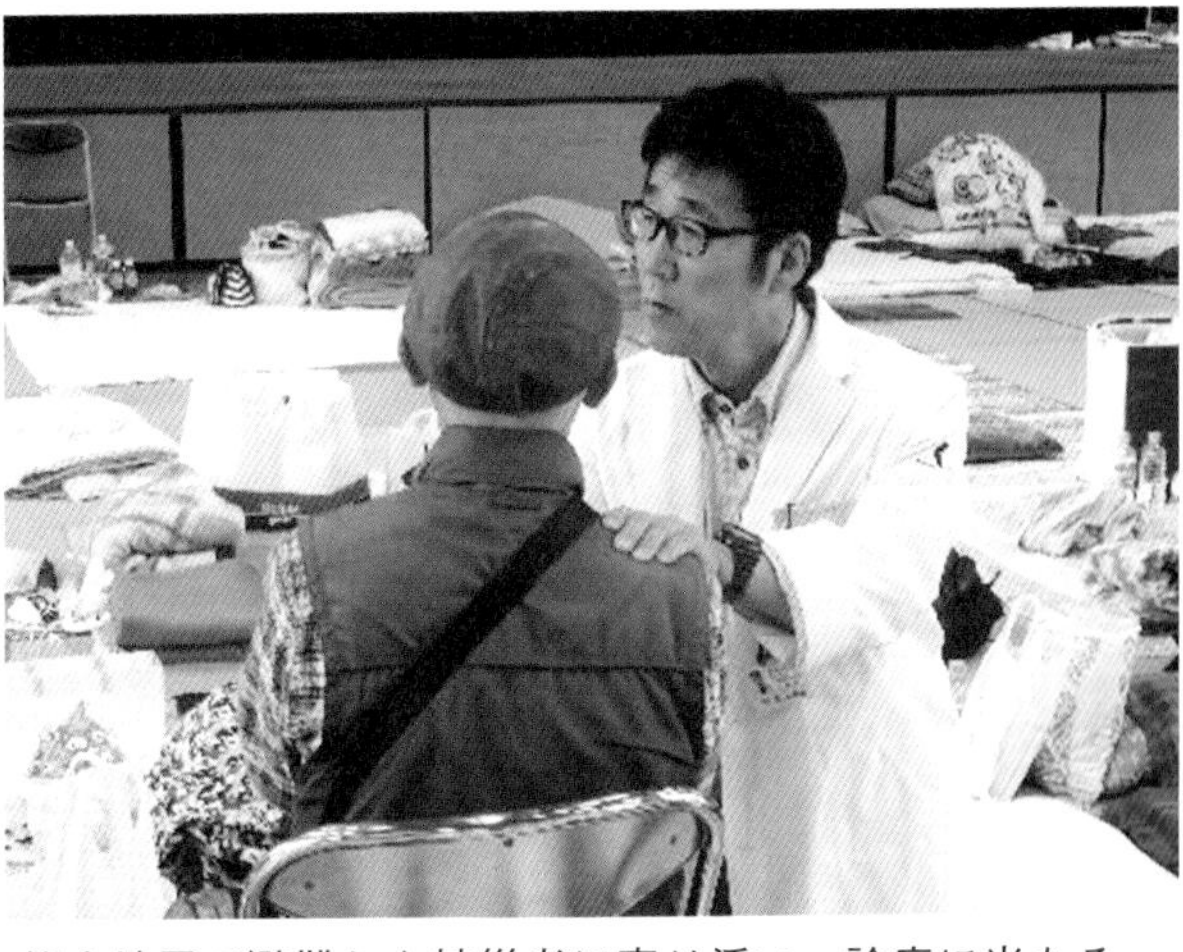
熊本地震で避難した被災者に寄り添い、診療に当たる＝2016年、熊本市の白川小体育館

も倒壊の危険があるとの判断で、次々に立ち入り禁止になっていく。

一方、使用できる家屋でも水、電気、ガスは使えないなど、機能していない家屋の多さに驚いた。当然風呂にも入れない。食事は作れず、おにぎり2個の支給にも長蛇の列が出来た。

医局員の中には長らく車で寝泊まりする者もいた。それでも患者第一と、診察する姿には頭が下がった。私は当時医学科長をしており、学生関係の差配をするのが主な仕事だったため、住む家がない、部屋が水浸しになり階下の住民から苦情が出ている、所持金が底をつきそうだ、地震がトラウマとなり熊本にはもう戻りたくないなど、早急に解決しなければならない問題を幾つも突き付けられた。

患者はあくまで絶対的弱者だ。そのため、どんな患者にも丁寧に対応する努力をしたが、現状への不満を一方的にまくしたてる人から、我々医療人にねぎらいの言葉をかける人まで千差万別だった。

組織の長としてはどーんと構えているしかなかったが、決して穏やかな心境ではなかった。「医師は我々の天職だ。この状況はいずれ終わる。我々はきっと医師としても人間としても大きくなれる」と医局員に語りかける毎日だった。

義を見てせざるは勇なきなり

2010（平成22）年4月、アイスランドの火山が突然噴火し、ヨーロッパの空港を発着する航空機は運航できなくなった。私は、ローマで19日から開かれる国際アミロイドーシス学会、それに続く世界臨床化学会に出席予定であった。果たして18日・土曜出発のローマ行きの便は、やはり欠航となった。

出発前の緊張は、このアクシデントに途端に緩んだ。思いがけない空白の時が訪れ、何となく嬉しくて日曜の夜はルンルン気分で過ごした。

月曜になり、会長のパヴィア大学のメルリーニ教授に欠席のメールを打ったところ、ヒステリックと思える返信メールに驚いた。「南回りなら、中東経由でもアフリカ経由ででも来られるはずだ！」

今回のアクシデントで学会参加者は激減するに違いない。私の心のターボエンジンが回転し始めた。「義を見てせざるは勇なきなり。私ぐらい行ってやりたい」

秘書の努力の甲斐《かい》もあり、昼のうちに熊本を出発しその日の午後10時発の便に乗ると、アブダビ、ギリシャ経由でなんとか翌日の夜にはローマにたどり着けることが分かった。秘書は、まるで何かの競争に勝利したかのごとく、嬉しそうに歓声を上げた。

「アブダビ？　それはアフリカかね。エティハド航空？　どこの飛行機会社か？　落ちる心配はないのかね」。私の心は途端に曇った。しばらく秘書との間で頓珍漢《とんちんかん》な会話が続いたが、とにかく行くことにした。

成田からアブダビまで12時間、5時間の待ち時間の後アテネまで4時間半、またまたそこで5時間の待ち時間を経て、2時間のフライトでやっとローマ着。熊本を出発して33時間後のことだった。

ホテルに着き、部屋に倒れ込みスーツケース

メルリーニ教授の粋な計らいで学会から「Longest travel award」を贈られた

を開けて愕然とする。スーツがない。日曜日に、もう出席できないからと、しわにならないようにスーツをたんすに戻したのだった。朝6時を告げる目覚ましがけたたましく鳴るまで、死んだように眠った。

4月21日朝、カジュアルなズボンとネクタイで「家族性アミロイドーシスの治療」の講演を始めた。冒頭のスライドに33時間の旅程を書いたものを用意したところ、爆笑と同時に割れんばかりの拍手がわき起こった。メルリーニ教授は講演後1枚の表彰状をくれた。その紙には「最長の旅を経ての出席をたたえます」と書かれていた。帰国して2日目、メルリーニ教授からメールが届いた。そこには、「君は格別の友だよ！」と書かれていた。

アジア人初の学会理事長に

2016年7月1日から1週間、国際アミロイドーシス学会に出席するため、私はスウェーデン・ストックホルムから70キロほど北に位置する北欧最古の学園都市ウプサラに滞在した。

私が初めてこの学会に参加したのは1987年の箱根開催からである。さまざまな研究が分子生物学のレベルまで掘り下げられ、当時、想像もできなかったような治療研究が進み、新たな治療が現実になろうとしている。

留学後もスウェーデンには仕事で何度も訪れていたが、アメリカ出張の方が多くなり、気が付いてみると10年ぶりのスウェーデンへの〝里帰り〟であった。

ウプサラに着いてみるとコートを羽織らなければならないほど寒い。まるで日本の11月の気候だ。そういえば20年前に二夏、うんざりするような日本の猛暑を逃れ、こうした環境で研究、そして診療にも没頭できたのだ。

学会出席の目的は、ずっと研究してきたFAPの抗体治療の成果を講演するとともに、私がノミネートされている、学会の理事長選挙の結果を見

国際アミロイドーシス学会理事長に就任直後に開かれた誕生祝い。午後９時ごろだが、ほぼ白夜＝2016年７月、スウェーデン、ウプサラ

届けることだった。

対抗馬はアメリカ人だ。選挙は会員のインターネットによる投票と会場での直接投票の総計によって公平に行われるが、会員の40%がアメリカ人であることを考えると、勝てるはずはない。そう見込んでいた。だから選挙期間中も別段選挙運動もせず過ごした。ただ学会期間中、「I like your character」と言ってくれる外国人もいたりして、心のどこかに「もしかしたら」という気持ちがあり、白夜ということも手伝って寝不足の日が続いた。

最終日、総会が開かれ開票結果が発表された。「アンドウ・ユキオ氏が次の理事長に選ばれました」。まるで「オスカー・ゴーズ・トゥー…」(アカデミー賞が贈られるのは…)と発表された気持ちだった。

50年の国際アミロイドーシス学会の歴史で初めてのアジア人理事長である。また一段と忙しくなると思う半面、一度始めたことを一生懸命やり続け、ここまで来たという達成感もあった。

むしろ鶏口になるとも牛後となるなかれ! 国際アミロイドーシス学会は世界脳卒中学会や国際糖尿病学会など、いわゆるコモン・ディジーズ(よく見られる病気)と比べ圧倒的に会員数は少ない。これまで欧米の研究者の論理を中心にして学会が回っていた中、遠く東アジアに住む日本人が会長になり運営することで、こうした社会に風穴を開けることができる気がして、たまらなく嬉しかった。

変革の中での医学部長生活

熊本大病院の副病院長を2期4年、そして熊本大退任前の6年間に医学科長4年、医学部長2年を経験させていただいたことは、私の半生を振り返る時、特筆すべき出来事であった。

そもそも医学科長も医学部長も基礎の教授が務めることが多いが、なぜか臨床系の教授である私が推挙された。医学科長は医学部長の下に位置し、特に医学部生の教育を統括する役職であるとともに、副学部長も兼ねている。医学部全体の運営に関与するが、事実上決裁権はほとんどない。

性格上ナンバー2が向かない私は、医学科長を2年間務めた後の2014年秋、特に親しくさせていただいた富澤一仁教授、尾池雄一教授の応援もあり、医学部長選挙に出馬することにした。どうでもいいと思いつつも、選挙となれば勝ちたいという気持ちが高まってしまう。

当時の病院長は対抗馬支持であったこともあり、選挙運動は終始劣勢で1票差となり涙をのみ、もう1期、医学科長をすることになった。２年後の16年秋、満を持して再度医学部長選挙に立候補したところ、当選を果たした。

　医学部、薬学部、発生医学研究所、エイズ学研究センター、ＩＲＣＭＳ（国際先端医学研究拠点施設）が大学院生命科学研究部を組織しており、それらを統括する研究部長にも同時に選出された。

　当時、国の運営費交付金の削減を受けて、医学部の教官席が削減された。医学部長として医学部のために決裁できる運営費も限られていたため、寄付による「くま医もん基金」を立ち上げ、不足している教官席の補充、運営費に充てた。この2年間は不足した医学部の教官席のやりくりや運営費の無心のために大学本

医学部長としてタイ・コンケン大学からの表敬訪問に応える筆者（奥左から２人目）ら＝熊本大

部との間を行き来する毎日であった。

お山の大将の集まりのような医学部教授会では、「我田引水」的な意見が頻繁に出て意見を集約するのは大変であった。加えて文部科学省による大きな方針転換が図られ、学長の決裁権が教授選考や教官数にまで及ぶようになる一方で、大学の収入の半分を占める大学病院の決裁が医学部長ではなく病院長になる移行期であった。熊本大病院は医学部付属から大学直属の病院となっていった。

学長と病院長の狭間《はざま》で、医学部の代表としてしっかりとした見識と発言力が求められた。できることは精いっぱいやった。難しい時代のかじ取りであったが、幾つかの改革をし、大過なく終えることができた。

人生はいつも紆余曲折

これまで幾つかの賞を頂いた。その中でも一番嬉しかったのは熊日賞の受賞である。2017(平成29)年7月のことだ。受賞理由はアミロイドーシス、とりわけFAPの診断、病態解析、治療研究業績に対するものであった。

熊本大を卒業し、ずっと熊本を拠点に研究診療活動を行ってきたこと、妻が熊本で生まれ育ったこと、そして何より、日本のアミロイドーシス研究の発端となったＦＡＰが熊本で発見され、荒木淑郎先生をはじめ先輩方の並々ならぬ業績とともにこの研究の発展があり、その延長線上にこの受賞があること、熊本の歴史ある新聞社が、熊本で頑張った人に与える賞であることなど、受賞には大きな感慨があった。

ＦＡＰ患者のためにどれほどのことができたかは分からないが、40年近く第一内科、病態情報解析学、神経内科の同僚と一生懸命頑張ってきたことが認められたという達成感はあった。

ところが、私の人生には予期せぬアクシデントがつきものだ。贈呈式は７月初めだったが、

熊日賞を受賞し、謝辞を述べる筆者（右）。左は妻恵子
＝2017年７月、熊本市

その1週間前、突然39度の発熱と右膝下が象の足のように赤く大きく腫れ上がったのだ。急きょ採血してもらうと、白血球2万7000、炎症反応を示すCRPが20と敗血症の所見を呈した。診断は細菌性の蜂窩織炎《ほうかしきえん》であった。

その日のうちに熊本大病院神経内科に入院し、最初の3日間は危険な状態が続いた。4日目あたりから抗生剤が効き始め解熱し、点滴セットを下げて、車椅子での神経内科教授回診となった。

贈呈式当日になっても足の腫れは治まらず、太くなったままの右足を礼服のズボンに入れるのがやっとだった。解熱鎮痛剤を飲み、抗生物質を引き続き点滴後、足元がおぼつかないままの贈呈式であったが、なんとか私の受賞講演も終わりに近づき、最後にこう締めくくった。

「この賞をこれまで治療がかなわず、非業の死を遂げた患者さん、今なお闘病している患者さん、その家族の方々にささげます。さらにこれまでこの病気の克服のためにともに診療研究活動をしてくれた同僚、そして最後に一貫して支えてくれた恋女房、恵子にささげます」

私の人生はいつも紆余曲折。すったもんだの末に最後にはつじつまが合う。秘書たちはよくこうした騒動の繰り返しを「安東劇場」と言っていたが、それを象徴するような出来事だった。

「満開」の桜と最先端の研究

2018年3月25日から29日まで熊本市で、私が大会長を務める第16回国際アミロイドーシス学会（山下太郎事務局長）を開催した。

ちょうどその30年前、恩師荒木淑郎先生らによって箱根で行われて以来、日本開催は2回目。当時の参加者が百数十人だったのに対し、この大会には39カ国から800人を超える研究者が集まった。また、国内開催の国際学会の場合、通常、外国人研究者はそう多くないが、今回の参加者は外国人が7割を超えた。

この30年間で、特にFAPの治療研究は著しく進歩した。肝移植、薬剤治療、その中でも変異したトランスサイレチン遺伝子（原因タンパク質）を抑制するsiRNA製剤開発のために、製薬会社があるボストンを何度訪れたことだろうか。

私は学会のサブタイトルを「Winter to Blooming Spring」とした。かつて全く手のつかなかったこの疾患の治療がもうそこまで来ている、いや満開の桜に近いという意味を込めた。熊本の桜が満開になるのは通常3月の終わりだ。さてどうなることか。毎日そのことばかりを考えたが、幸いその冬は桜が蕾《つぼみ》をつけるのに十分な寒さがあった。また、熊本の春先は天候が変わりやすく2、3日に1回は雨が降る。熊本城周辺でお花見ツアーを企画していたものの、雨が降ったら台無しだ。心配は募った。

しかし幸運にも、これも異常気象なのか、23日から3月いっぱい、雨の日は1日もなく、訪れた外国人にうららかな春の日と満開の桜、アミロイドーシス

大会長を務めた国際アミロイドーシス学会で会長講演を行う＝2018年3月

学の最先端の研究を提供できたことは望外の喜びであった。

この学会では今まで体験したことのない三つのスタンディングオベーションが起こった。1度目は開会スピーチで30年にわたる私の学会への貢献、アミロイドーシス研究の新しい知見を発表した時。2度目は高校生の娘が3日目の祝宴で「アベマリア」を歌った時。そして最終日に閉会の辞を述べた時である。

閉会後、20歳代のギリシャ人とポーランド人の基礎研究者2人があいさつに来た。彼女たちには駆け出しの研究者の渡航を支援するトラベルグラントとして8万円を支給していた。「安東理事長のおかげで私たちは来日できました。プログラム、満開の桜、心尽くしのおもてなし。どれも素晴らしかった」。ポーランドの研究者は涙ぐんでいた。

サイエンスは日進月歩。やがてこの学会のサイエンスの多くの部分は忘れられてしまうかもしれないが、熊本の日々の思い出はきっと残る。

60の手習い、愛娘との発表会

妻は幼少からピアノを続けている。私が教授になってからは学会の懇親会などで何度かピアノ演奏を披露してもらい、好評を得ていた。私はというと、若いころの一時期、フルートを吹いていたが、ものにならずにいた。

そんな中、２０１１年11月、私が熊本で開催する国際ＦＡＰシンポジウムで、１曲でいいから家族と一緒に演奏したいと思い立ち、前年の秋だったと思うが、手ごろなチェロを買い込んで個人レッスンを受け始めた。１年くらいはなかなかうまく弾けなかったが、簡単な旋律の曲を選び、祝宴で演奏することにした。

果たして、学会の懇親会で妻と小学生の娘がピアノ、中学生の息子がバイオリン、私がチェロを弾き、「ロンドンデリーの歌」を演奏したのは忘れられない思い出となった。

その後、18年まで細々とレッスンを続け、その年、

熊本大学退官の日に長女由希（右）と歌声を披露した。左はピアノ伴奏した妻恵子＝2019年３月、熊本市国際交流会館

国際アミロイドーシス学会で妻と「ニューシネマパラダイス―愛のテーマ」を演奏したが、それほどうまくは弾けなかった。やはり、楽器は小さいころからのレッスンが必要だと痛感した。

高校生になり声楽を始め、自宅でも楽しそうに歌う娘の歌声を聞きながら、今度は「娘とデュエットしたらどんなに楽しいだろうか」と思うようになった。

思春期になり日ごろから父を「うざい」などと言うこともある娘に、「一緒にレッスンを受けさせてほしい」と恐る恐る懇願したところ、意外にすんなりOKが出た。

ちょうど医学部長になって忙しいさなかであったが、1年間、NPO法人テアトロ・リリカの浦田玲子先生の個人レッスンを受けた。1時間の練習のうち半分は発声練習で、基本をしっかりたたき込まれ、60歳を過ぎても、トレーニングすれば音域が広がることを実感した。

2019（平成31）年3月30日、熊本大学退官の日に熊本市国際交流会館で行われたテアトロ・リリカ熊本主催「プリマヴェーラ・コンサート」で、娘とともに映画好きの私らしく、映画「ミッション」のテーマ、エンニオ・モリコーネ作曲の「ネッラ・ファンタジア」を歌った。

考えてみると、人生初めての稽古事での発表会であり、足が震えたものの、なんとか歌いきった。テアトロ・リリカ熊本代表で、株式会社こざき社長の古崎正敏さんが駆け寄り、握手を求めてこられた。歌い終わった時、娘が父との共演にまんざらでもない顔をしていたのが何より嬉しかった。

コロナ禍で始まった学長生活

熊本大学教授の任期が残すところ1年となったころから、漠然と退職後のことを考えるようになった。幾つかの病院からお誘いはあったが、研究者としての道は閉ざされたくないと考えていた私は、検査医学教授のころからかわいがっていただいた九州大学名誉教授の濱崎直孝先生に相談した。

濱崎先生は長崎県佐世保市のご出身で、九州大を退職後、佐世保に2000年4月に開学した長崎国際大学薬学部の教授を経て佐世保市保健所長をしていた。「僕は君の研究力を高く評価している。長崎国際大の理事長は研究に理解がある方なので、そこに行ってはどうだ」と勧めてくれた。

当時、熊本大の理事を務めていた元熊本県知事の潮谷義子さんは、長崎国際大の第2代学長であったことから、任期中の話を伺うことができ、大変参考になった。話はとんとん拍子に進んだ。

2018年夏、安部直樹理事長、本岡吉彦本部長が面会に来られた。安部理事長は教育に対する情熱を熱く語られ、本岡本部長はとにかく愉快な方で話術にたけており、「できる男」という印象であった。

佐世保はそれまで縁もゆかりもない土地であった。約20年前、誰一人知り合いもいないスウェーデンに留学した時のように、今度も一度熊本を離れて、未知の土地で自分を試してみるのも悪くないと思い、「請われるうちが花」という言葉を胸にお受けすることにした。

赴任したのは2019年4月。長崎国際大は人間社会学部（観光学科、福祉学科）、健康栄養学部栄養学科、薬学部薬学科の3学部4学科で、学生数は2500人余りを数える。安部理事長は薬学部にアミロイドーシス病

学長就任後、新型コロナ対策で寄付を受けた「ジャパネットたかた」創業者の高田明氏（左）と対談

態解析学分野をつくってくださり、私は副学長を拝命し、第二の大学人生が始まった。

2年は単身赴任となり、自炊生活を始めたことで、私は妻の家事をさばく力量の大きさと料理の腕前をあらためて思い知った。当初、熊本大、特に医学部とは全く勝手が違い戸惑った。とりわけ地方の私学にとって大事なのは経営と教育で、研究は場合によっては後回しになることを痛感した。

1年を経て、2020（令和2）年4月1日、第5代学長に就任したその日に、本学の学生が県内の大学生としては初めての新型コロナウイルス感染者となった。長崎のマスコミ、そして大学は大騒ぎとなり、新学長の手腕が早くも問われる局面となった。

大学独自のコロナ対策の考案

長崎国際大がある佐世保市は25万人の中都市。この規模の都市には必ずと言っていいくらい医学部、大学病院がある。しかし、佐世保には医学部がなく、医師数が圧倒的に足りない「医療過疎地」となっている。

2020年4月1日、学長就任初日に県内で初めて大学生の新型コロナウイルス感染者が出た。感染拡大する中で、本学の学生、職員、地域住民をどう守るかを考え、まずPCRセンターの設立に取り組んだ。県、市の協力を得て、構想から約3週間で、医学部を持たない大学としてはわが国で初めて、大学内にPCRセンターをオープンさせた。

最初は依頼件数も少なく、設立は無意味だったかと危惧したが、第3波が襲来した11月後半から学内はもとより市民や県内外から自由診療枠での検査依頼が急増した。

さらに、私が学内に個人病院を設置する形で、近隣住民も利用できる診療所を作った。これも大いに機能し、新型コロ

学内に開設した診療所はコンテナで始まったが、1年後、立派な建物になった。筆者（左）と妻恵子＝2022年8月、長崎国際大

ナ感染疑いの受診者に対してはオンライン診療を行い、感染者を診断した。2021年度からは妻が診療所の実質的な院長に就任した。

朝、学生・教職員にはコロナ関連の症状8項目に加え、検温を必ず行い、一つも該当症状がない者のみをキャンパスに入れること、感染が疑われる学生はキャンパスライフヘルスサポートセンターにSOSメールを出し、診療所で遠隔診療した後、PCR検査を受けることなどを徹底した。

一般市民がPCRを希望する場合は、駐車場に作ったドライブスルーで唾液を採取し、PCR検査に回す。また、保健所と業務委託契約を結び、保健所が賄いきれない検体を引き受けるというのが本学独自のシステムだ。

2021年4月中旬、BS-TBSの「報道1930」のディレクターから、一本の電話が入った。本学の先進的な取り組みを番組で紹介したいというのだ。これまでコロナの感染対策で四苦八苦してきたことが紹介されるのに悪い気はしなかった。私は快諾した。

ところがその翌日、スポーツサークル部員1人が練習試合後に発熱し、PCR検査で感染が確認されたのだ。結局合わせて学生6人、コーチ1人の感染が確認されたが、幸い1人を除き、症状はほとんどなかった。クラスター発生は県内の大学では初めてだった。

私は記者会見に引っ張り出された。地元紙、朝日、毎日、読売、放送局4社が結集し、延々1時間にもわたって数十の質問が浴びせられた。

感染対策支えた〝七人の侍〟

「大学にはPCRセンターも診療所もあるのに、なぜクラスターが出たのか」「管理に落ち度はなかったか」「感染源はどこか」など、記者会見では間髪を入れず質問が浴びせられた。「とにかく謝るしかない」。医療の現場で学んできたことを思い出しながら、時間が通り過ぎた。

それまで数人の学生の新型コロナ感染者が出てはいたが、いずれも単発であり、授業でもマスクの着用、教壇のアクリル板による仕切り、ソーシャル・ディスタンスの確保など厳格にルールを作っていた。一方、インドアスポーツ系の部活では、選手のかけ声、ハイタッチなど、狭いコートで飛沫《ひまつ》が飛び交う場合もあり、クラスターが起きてもおかしくはなかった。

「プロポーズ　あの日に帰って　断りたい」という川柳が頭をよぎった。会見の後、BS－TBSのディレクターに連絡すると、「もう後戻りできません。こうなったらクラスターにもめげず頑張っていることを正直に報告しましょう」との返事だった。

　番組はオンラインで生出演のスタイル。コメンテーターとして国際医療福祉大学の松本哲哉教授と、自民、立憲民主の両党から医師の資格を持つ議員が出演した。

　本学の取り組みがＶＴＲで流れると、司会の松原耕二さんは「素晴らしいシステムですね」と持ち上げてくれたが、自民党の議員がかみ付いた。

「いくらＰＣＲ検査をしても偽陰性だってあるし、次の日に感染が分かったのでは意味がない」

　私は冷静に反論した。「ＰＣＲ検査のピットフォール（落とし穴）はよく分かっています。

全国で初めての2021年６月に新型コロナワクチンの職域内接種を始め、計３回行った＝佐世保市の長崎国際大

ですから濃厚接触者、接触者でPCR陰性者は、用心のため2週間隔離しています。陽性者をあぶり出すことがこのシステムの最も大切なポイントです」

松本教授は「長崎国際大のようにきっちりシステムをつくり、学生に動機づけをしてやらないと受診しないのではないか」とフォローしてくれた。

松原さんは「このシステムは『七人の侍』がつくったみたいですね」と言ってくれた。「駕籠《かご》に乗る人、担ぐ人、そのまた草鞋《わらじ》を作る人」という言葉があるが、目的を成就するには0から1をつくる人、1を10に発展させる人が要る。

本学のセンターは発案者の私、後押しした安部直樹理事長、システムを構築した綾部賢一郎事務局長、PCR検査を組み立てた隈博幸教授、学生の訴えを丹念に拾い上げ、検体採取に奔走した内田裕子さん、綾部さんを補佐した総務の松村佳真さん、平野勉さん、計7人の中心人物がいた。

特に元銀行マンの綾部さんは経済感覚がしっかりした方で、このセンターは2020～22年にかけて利潤を出している。

「未練」こそ次のステップ

長崎国際大は国内最大級のテーマパーク、ハウステンボスに隣接している。私が住んでいるのは、ハウステンボスの中の「ワッセナー」と呼ばれる別荘地区のマンションである。

大村湾から引き込まれた運河には白鳥やたくさんの魚が泳ぎ、森と運河に囲まれ、晴れた朝には運河の海面が銀色に輝き、息をのむほど美しい。研究の構想を練るにはもってこいの環境である。

作家の宮本輝は、「多くの作家の作品で最も読み応えのあるものは晩年に書か

長崎放送のラジオ番組「Dr. 安東のシネマ回診」の収録に臨む＝長崎市

れたものである」と書いている。確かに国の内外を問わず長生きした作家や映画監督の作品は70歳代のものが秀逸である。人生の豊富な経験、ボキャブラリー、醸成された深い思考などが相まって優れた作品が出来るのではないかと思われる。

「想い出という名の未練」という名言を吐いたのは立川談志だが、熊本大時代を振り返る時、楽しかった思い出も悲しかった出来事もどこかに未練が残る。

ライフワークとして取り組んできたアミロイドーシスの治療も随分と進歩したものの、なぜ加齢とともにアミロイド沈着が起こるようになるのか、なぜ特定の臓器にしかアミロイド沈着が起こらないのかなど、分かっていないことが多い。20年来手がけてきた抗体治療も道半ばであり、この疾患の研究には未練が残る。だが、未練こそ次のステップ。今が頑張りどころだと考えた。

今までやってきた研究はこれからの10年のためにある。「これからが本番（The end of rehearsal）」と考え、長崎国際大に新たにつくっていただいた「アミロイドーシス病態解析学分野」で少しでも「未練」を残さないためにも、一番知りたいことを突き詰めるためにも、なんとか学長職をこなしながら精進していきたいと考え、研究を続けている。

本学でいわば学長職と研究職の「二刀流」ができているのは、折につけ事務方の皆さんに協力していただいていることが大きい。特に事務局長の綾部賢一郎さんと秘書の渡邊礼美さんには頭が上がらない。

新しい教室は私と助教1、実験助手1、大学院生1、秘書1と、スタッフは4人しかいない。50人ほどいた熊本大神経内科の「人の力」とは比べものにならない。しかし、これまでの知識、経験を生かしながら工夫を凝らし、積極的に共同研究を進めながらゴールを目指すことが、患者たちに最も重要な「恩返し」だと考えた。

患者の苦悩と寄り添いながら

恩師の荒木淑郎先生からFAP研究の宿題を頂き約40年がたつ。この病気の研究の進歩には隔世の感がある。

この病気は、もはやこの世の片隅の小さな病気ではなくなり、世界中どこに行っても見つかる病気になってきた。我々の研究グループは、21世紀の訪れとともに、病原タンパク質のアミロイド形成を阻止する内服薬の開発、遺伝子を操作して病原タンパク質を遺伝子レベルで抑え込む、生体内に蓄積したアミロイドを溶かす抗体治療など、海外の製薬会社やベンチャー企業との共同研究で成果を上げてきた。遺伝子サイレンシングの開発に関しては、Alnylamというベンチャー企業があるボストンに何度足を運んだことだろう。抗体治療については、旧化血研の故中島さんや鳥飼さんの力添えで新しい治療法として世界に情報発信することができた。今やこの疾患で命を落とすことはなくなりつつある。また、我々が行ってきた研究手法がさまざまな疾患研究のモデルともなっている。しかし、FAP患者の目にたまる原因物質のアミロイドは制御できず、命は救えても目が見えなくなる患者が増えていて、患者の苦しみは終わらない。

まだまだ全く解明されていないことが多く、研究をやめるわけにはいかない。なんとか学長職をこなしながら精進していきたいと頑張っている。

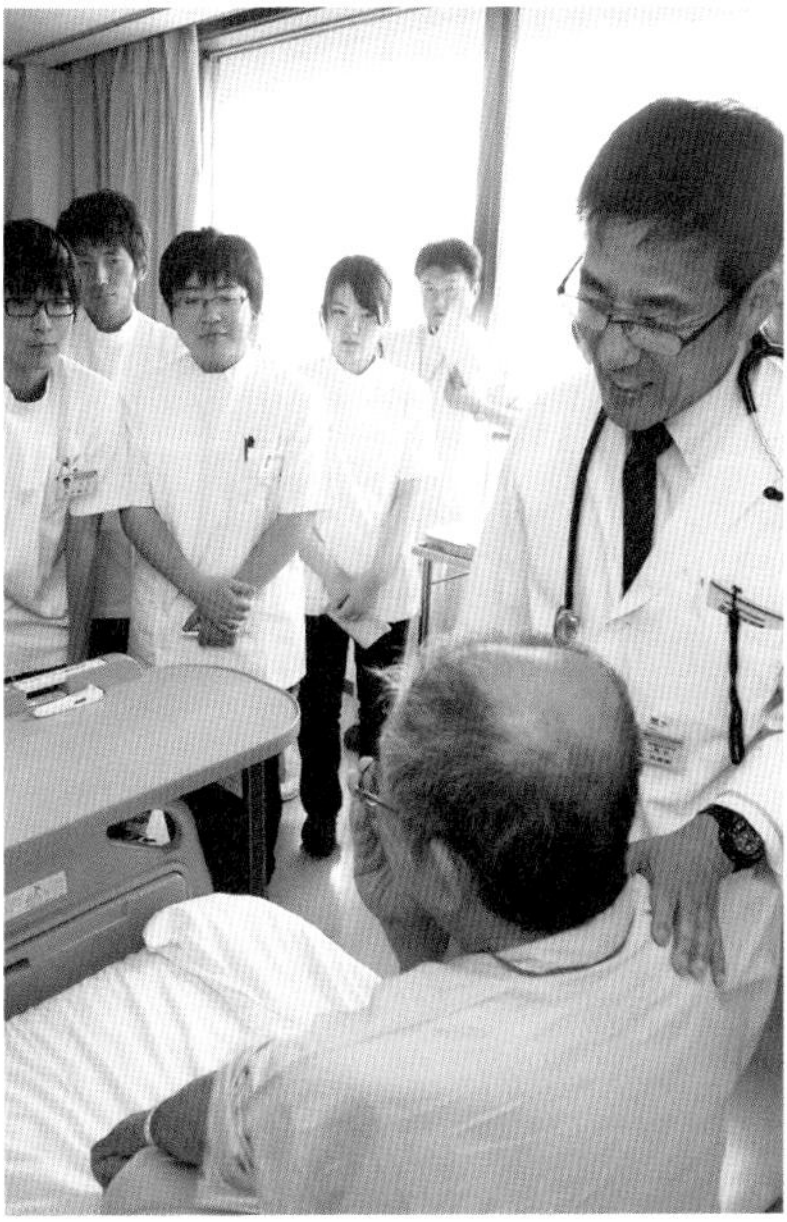

入院患者を回診する2015年当時の筆者（右）。患者に立脚した診療・研究を目指した＝熊本市の熊本大病院

この分野の学問では、思いもかけない展開もある。病気を引き起こすのは変異型のトランスサイレチンだけではなく、高齢になると「wild type」（正常）のトランスサイレチンが心臓や腱《けん》、靭帯《じんたい》などにアミロイドとして沈着し、心肥大や心不全、手根幹症候群、腰部脊柱管狭窄《きょうさく》症などの整形外科疾患を引き起こすことも我々の研究で分かってきた。

この「老人性全身性アミロイドーシス」という、20世紀にはあまり目立たなかった病気が注目されるようになってきている。かの有名なアントニオ猪木さんも名古屋の双子の姉妹きんさん、ぎんさんもこの病気で逝った。

サイエンス誌には「110歳以上の超高齢者の主たる死因は、老人性全身性アミロイドーシスで、心臓にトランスサイレチンのアミロイドがたまり、心不全が起こることによる」と記載されている。80歳以上の約15%、90歳以上になると35%の高齢者の心臓にアミロイドがたまり、心不全を引き起こす可能性があることが分かっている。

なぜ超高齢になると、このような病態が起こるのか、突き止めなければならない重要な研究テーマである。老人性全身性アミロイドーシスは、21世紀においてアルツハイマー病と並んで超高齢社会の重要な疾患となる可能性が高いと推測されているため、この病気の研究も続けていかなければならないが、それは熊本大時代にやってきたように、実臨床を大切にし、患者に立脚した研究でなければならない。

佐世保暮らしも楽しみに

長崎市には三つの「か」があるという。坂、墓、ばか。長崎はちょうど九十九島が隆起して出来たというと理解しやすいが、小さな山がたくさんあって坂が多い。平地が少なく、山の斜面を使って居住地や墓地を造ったので墓が目立つ。ばかはお人好《よ》しを意味する。

佐世保も地形は長崎と似ていて、三つの「か」が特徴として挙げられる。平坦《へいたん》な道が少なく、小さな山が多いため、自分がどこにいるのか分かり難く、カーナビに頼ることが格段に多くなった。

山がすぐ海岸線まで迫っている所も多く、小さな漁港がたくさんあり、そこは堤防から投げ釣りをする絶好の漁場だ。いつのころからか、日曜日の午後など、妻を釣りに誘っている。最初は恐る恐る付き合っていた妻も、川棚港に行くと結構な大きさのキスがたくさん釣れるので、進んでついてくるようになった。ただ、餌のゴカイに触れることができず、いつも餌をつけるのは私の仕事。彼女が次々に釣り上げる魚を針から外し、また餌をつけていると自分の釣る時間がなくなることが悩みの種だ。妻の〝侍従〟になってしまうようで、何か解決策を講じなければと思案している。

熊本－佐世保間は１７４キロ。一応高速は通っているが、佐賀を超えたあたりから山道が多くなる。私は杉村病院（熊本市）の特別顧問として、また荒尾市民病院のシニアアドバイザーとして、脳神経内科の外来を担当している。妻は今も熊本で週末診療をしているので、この距離を車で２時間半かけて往復するのは楽ではない。

佐世保赴任の１、２年目は単身赴任となりお互い寂しい思いをしたが、３年目からは一緒に住んでいる。新しい環境に

ハウステンボスに隣接する自宅マンション前の運河にたたずむ＝佐世保市

緊張しがちな妻が、熊本と全く勝手の違う佐世保の地でうまくやっていけるのか心配したが、1年もたつと、次々に名所・旧跡を見つけてきては休日に私を引っ張っていくようになった。

現在、私は長崎放送ラジオで「Dr.安東のシネマ回診」のパーソナリティーを、長崎新聞では安東学長のシネマ時々、医学」というコラムを持ち、楽しみながら大学の広告塔になっている。

佐世保の隣町の波佐見は町おこしとして斬新な焼き物を作るようになり、若者に人気の町に変貌を遂げようとしている。妻と波佐見焼を見に行くのも楽しみの一つとなった。

大学が与えてくれたマンションはハウステンボスの中にあるリゾート区域で、大村湾から引き込まれた運河に囲まれた、すてきな場所にある。大学職員はハウステンボスへの入場が無料で、妻と折につけ場内を散策しては、オランダ情緒を楽しんでいる。

〝航海〟続け見果てぬ夢へ

佐世保での生活は5年目を迎え、そろそろ熊本‐佐世保の往復も負担になってきている。佐世保も風光明媚《めいび》なすてきな場所ではあるが、交通の便が良く、海も山も近く広々とした熊本平野にはかなわない。

「請われるうちが花」というが、引き際も大切である。お世話になっている長崎国際大で、あと少しだけ仕事をしたら熊本に帰り、杉村病院で、脳神経内科の臨床を行いながら、アミロイドーシスの研究もしながら、人生の幕を閉じたいと願っている。

人も育った。かつて研究を分かち合った仲間が開業し立派な院長になり、地域医療に貢献していたり、留学生は自国に帰り教授になったりしている。また、かつて共に研究した仲間も教授になり自分の城を持ち、アミロイドーシスから派生した自分の学問を展開するなど、預金に大きな利子がついたような嬉しい便りが届くようになった。

息子の慧は東京大学建築学科を卒業し、建築家として修業中だ。「いずれ夫婦の終《つい》の棲家《すみか》を2階に、1階には品のいい小さな映画館を作ってやるよ」と言ってくれて

2023年の元日に新年会で顔をそろえた家族たち＝熊本市

いる。そこでは私たち夫婦が気に入った映画だけ上映する。上映しない時は多目的会議室として気のおけぬ仲間が集まる。考えただけでワクワクする。

1977年の春、熊本大医学部の門をたたき、ろくに海図もコンパスも持たないまま大海原に船をこぎ出した私は、難病アミロイドーシスという疾患に巡り合い、のめり込んだ。特にFAPの治療は地元である熊本大が解決すべき疾患と思い、根治療法の開発を夢見て頑張ってきたが、いまだ道半ばである。嵐に遭い難破寸前になったこともあったが、なんとか〝航海〟を続けてきた。いずれ「夢の宝島」に辿《たど》り着きたい。

セルバンテスの小説を基にしたミュージカル「ラ・マンチャの男」で歌われる「見果てぬ夢」は、ドン・キホーテが風車を巨人と思い込み果敢に戦う滑稽な姿を描いている。私の研究がたとえ「見果てぬ夢」に終わっても、自分らしく夢を見続け一歩でも前へ歩んでいきたい。地方から世界に研究成果を発信してきた姿が、医学を志す若者の道しるべになり、次世代の研究者を生み、医学の発展につながれば本望だ。

熊本で生まれ育った妻と巡り合えたことは人生最高の喜びであり、子どもたちの故郷は熊本である。少しでも熊本に資する活動を展開しながら、決してそこだけにはとどまらないユニークな活動ができればと願っている。

安東学長のシネマ
時々、医学

ダンスは秘密の隠し部屋――「Shall we ダンス?」

人は生きがいを模索しながら老いていく。仕事、子ども、愛妻…、サラリーマンの場合、いずれ定年が訪れる。子どもはいつか親元を離れるし、愛妻とも「千年の恋」なんてあり得ない。長い人生の中では、「自分だけの世界」を見つけることが重要になる。

杉山（役所広司）はボタン会社の課長を務める真面目なサラリーマンだ。結婚し子どもにも恵まれ、40歳を過ぎて郊外にマイホームも手に入れた。とりあえず目標を達成した杉山は人生の意義が分からなくなる。ある日、帰りの電車の窓越しに、あるビルのダンス教室の窓から外を眺めながら物憂げにたたずむ、美しい女性（草刈民代）の姿が目に留まる。彼はその女性のことが忘れられなくなる。映画「Shall we ダンス?」（1996年、周防正行監督）の話だ。

数日後、その教室の門をくぐる。しかしくだんの女性、舞からは「私が目的でダンスを習うのは困ります」と毅然《きぜん》として釘を刺され、彼に実際にダンスを教え始めたのはたま子先生というベテランの女性だった。がっかりする杉山だったが、辞めるわけにもいかず通うようになる。

意外にも杉山は社交ダンスの面白さに目覚め、のめり込んでいく。そして、いつにも増して帰宅が遅くなったころ、妻は不審に思い私立探偵を雇って調査する。何のことはない、社交ダンスを習っていたとは。予想外の調査結果に妻は大いに驚く。

習い事は発表会などを通してうまくなるものだ。ついに杉山は社交ダンス大会に出場することになる。それに向けた指導を念願の舞が担当し、猛特訓の日々が始まる。いよいよ大会の日。夫が出場することを知った妻は娘を連れて応援に駆け付ける。パートナーとの息はぴったり合って、2次審査を通過し、いよいよ最終ラウンドでダンスを踊り始めたところで事件は起こる。杉山の目に妻と娘の姿が飛び込んできたのだ。

ステップが乱れ、「お父さん、頑張って」という娘の声援に止めを刺される。ついにバランスを崩し、パートナーの女性の衣装に足を引っかけ、彼女の服が脱げ、下着だけの状態になってしまう。騒然とする場内。パートナーは、恥ずかしさのあまり脱げてしまった衣装を抱え、逃げるように会場から立ち去る。杉山がやっと手に入れた「自分だけの世界」を失った瞬間である。

この映画の題は「Shall we dance?」ではなく、「Shall we ダンス?」となっている。日本人が社交「ダンス」を踊るのは、若者が踊っている当世流行のダンスとは違って気恥ずかしいものなのか。そこには日本人独特の社交「ダンス」の世界がある。そこに勇気を出して足を踏み入れた杉山にとって、「ダンス」はまさに秘密の「隠し部屋」だったのだろう。

恋と手話と東北弁――「息子」

哲夫（永瀬正敏）は、岩手の村の農家の次男である。大学出の兄とは対照的に、何をやっても長続きせず、出来が悪いといわれてきた。高校卒業後、仕事を転々とし、今度の仕事は、鉄筋コンクリートの屋台骨となる鉄芯《てっしん》を運ぶ仕事であった。映画「息子」（1991年、山田洋次監督）の話である。

しかし、農家に育った哲夫にとって体を動かすことは生来苦ではないのか、この仕事は不思議と長続きする。そして考えてもいなかった転機が訪れる。じっとしていても汗が噴き出しそうなある夏の日、得意先の鉄芯を搬入する暗い倉庫の中で、作業着を着てひたすら事務仕事をする二十歳そこそこの娘、征子（和久井映見）に出会ったのだ。彼女は暗く空気がよどみ、蒸し暑い倉庫とは全く不釣り合いなほど清楚《せいそ》で美しかった。

その面影が忘れられない哲夫は次に会った時、思い切って声をかけた。「こんなところで一人で仕事していて、寂しくないですか」。娘は、はにかんだようにほほ笑むだけで返事をしない。こんなやりとりが何度か続いた後、ついに哲夫は思いのたけを手紙にしたため手渡すが、当惑したような表情を見せるだけの征子は何も語ってくれない。

その次、哲夫が倉庫に行った時、征子は休みだったが、代わりにいたおばさんがかけた言葉に激しいショックを受ける。「あの子、耳が聞こえず、言葉もしゃべれないんだよ。知らなかったんでしょ。あんなにかわいいのにねー。関わらない方がいいよ」。哲夫はもだえるように泣き、涙が頰を伝った。

しばらくして父(三國連太郎)が上京してきた。哲夫の汚いアパートで息子を待ちながらうたた寝してしまうが、目を覚ました父は、目の前に繰り広げられる光景が理解できない。哲夫と若い娘が手話で会話しているではないか。「俺たちは一緒になるんだ。結婚すんだ、この人と。俺、この人がいねーと生きて行けねーんだ。そしてこの人も俺のことが必要なんだ。だからよ、とーちゃんやあんちゃん、いくら反対したって、俺聞かねーど。俺、この娘のことを嫁っこにすんだから。その決心は絶対に変わらねーからな」

全てを悟った朴訥《ぼくとつ》な父は、精いっぱいの優しい言葉で、征子に大きな口を開けてこう語りかける。「あなたは・哲夫の・嫁っこに・なって・くれますか」。同じ言葉を二度言った後に、はにかむようにうなずいた征子に、父は「ありがとう」と言って深々と頭を下げた。

「どうしてこうも君を思い、君のことばかり考えているのに、君は何にも言ってくれないのか」という、ほとばしるような狂おしいような思いが、東北弁独特の実直な語り口で語られる。

それにしても今の若者には、素直に恋心をはじけさせることのできる才能が備わっている。これはハリウッド映画と戦後教育のたまものである。

宇宙でも侵略続ける人類――「アバター」

人類は有史以来、異民族に侵略と略奪を繰り返してきた。アメリカ人の西部開拓史もそうである。ヨーロッパからの移民は西へと開拓を進めるが、どんな時代も、どんな地域も、一つの土地に二つの民族が仲良く暮らすことは難しい。インディアンへの侵略が始まる。確かに彼らは武力によって不当に侵略されたが、これに拍車をかけたのが、ヨーロッパ人の持ち込んだ数々の感染症である。彼らにとって未知のウイルスや細菌による感染症によって、抗体を持たないインディアンの人口は激減した。同じことはインカ帝国でも起こった。スペイン人が持ち込んだペスト、インフルエンザ、麻疹などにより人口が激減した。

「人類は21世紀になってもこうした略奪と侵略を続けるのであろう。きっと宇宙まで行っても、ヒトという生物はこうした営みを続けるのであろう」。そんな監督のつぶやきが伝わってきそうな映画が「アバター」(2009年、ジェームズ・キャメロン監督)である。

今から数十年後の未来。人類は資源を宇宙に求めるようになっていた。衛星パンドラには、キロ20億円というレア・メタルが眠っている。

しかし、そこにはナヴィ族という、外見も生活習慣も言葉も違う先住民が住んでいた。メタルを掘り出すには先住民に他の土地に移住してもらうか、武力行使で制圧してしまうかのどちらかの選択肢しかない。

そのころ、人類は人造人間(アバター)を作る技術を持っていた。その技術を使うと、人が眠っている時だけアバターに頭脳を伝送し、そのアバターが寝ていると頭脳提供者は現実の世界に戻り、アバターとして得た情報を軍に伝えることができる。

すなわち、肉体が危険に晒《さら》されることなく、現地の情報をアバターの体験を通して収集できることになる。この映画はアバターを使って実際に人間が戦うことなくナヴィ族を制圧しようとする物語である。

ヒトの歴史は、怪我《けが》、飢餓、感染症との闘いの歴史であるといってもよい。ヒトは、新たな外来者の武力には注意を払うが、彼らが持っている未知の病原微生物に対しては無防備である。火星に水が発見された今、宇宙にはそのような星はたくさんあって、いつか、衛星パンドラに住むナヴィ族のような宇宙人と遭遇するかもしれない。しかしそれは、この映画で衛星の名前を「パンドラ」と名付けたように、決して開けてはならない「パンドラの箱」であり、その箱に潜んでいた宇宙人が持つ正体不明の感染症によって地球人は滅亡する可能性もないわけではない。我々人類が、そうした事態までを想定して進化しているわけではないという事実は、重要な視点である。

インド人の死生観――「ガンジスに還る」

母なるガンジス河の水源近くにある聖地バラナシは、幸福で安らかな最期を迎えられる地としてインド人の憧れの場所だ。インド映画「ガンジスに還る」（2016年、シュバシシュ・ブティヤニ監督）は、人生の死期を悟ったダヤと息子ラジーヴのバラナシでの生活を描いていて興味深い。

ダヤはある夜、死が近づいていることを暗示する不思議な夢を見る。翌朝の食卓で、彼はその話をする。「わしには死期が迫っている。バラナシに行こうと思う」。これに家族は当惑する。ラジーヴは忙しく、こんな荒唐無稽な話には付き合えないと思ったが、父親の決断には逆らえず、なんとか仕事のやりくりをし受け入れる。次の日、父と息子は乗り合いタクシーでバラナシに向かうが、晴れ晴れとした表情のダヤを尻目に、ラジーヴは仕事の電話が鳴りっぱなしでイライラは募るばかりである。

バラナシに着くと、「解脱の家」の管理人が宿の決めごとを説明する。医療設備がなく食事は自炊で、肉や魚、アルコールは禁止だが、死への不安をかき消すためか、大麻入り飲料は飲んでも構わないという。

父子の生活が始まる。ダヤは大麻も必要とせず、落ち着いた心で淡々と日々を送るが、息子の作った食事には文句を言う。「これが飯なのか!」。一向に臨終の時が来そうにない元気な父の姿に、ラジーヴは何とも言えない気持ちになっていく。

ある夜、ダヤは高熱で寝込み、最期が来たと思った彼は、母なるガンジスの水を飲ませてほしいとラジーヴに頼む。河岸にある火葬場は毎日、人が群がり煙が立ち込める中で遺骨が河に流されている。「いよいよ父もこうなるのか」。ラジーヴは、燃え上がる炎を見つめ感傷的になる。

翌日、妻と娘が駆け付けるが、ダヤは昨夜の出来事が嘘のように回復し、ぴんぴんしているではないか。もう限界と思ったラジーヴはダヤに、一緒に帰ろうと話すが、「おまえが行かねばならんのは分かる。しかし、わしはここで逝かせてくれ」と懇願する。親子の別れの日がやって来る。ラジーヴは後ろ髪を引かれる思いで帰途に就く。少し時が流れ、ついにダヤに旅立つ時がやって来る。

この映画で最も大事なシーンは父と息子の会話である。最初は煙たがっていた息子が、ガンジスに飲み込まれるように父親に溶け込み受け入れていく。ラジーヴがこれまであまり話を聞いてやらなかった父の心模様、大きさを知り、受け入れていく姿は見ていて清々《すがすが》しくさえある。

数年前、父を89歳で失った私にとって、忙しさにかまけ、どうしてもう少し父に優しくしてやれなかったのか、結局自分を形作っているものは父そのものなのに、と激しく後悔の念を抱かせる映画でもある。

ＡＩとの恋に落ちた男――「her　世界でひとつの彼女」

ＡＩと生身の男性との恋愛を通して、あらためて人を愛するとはどういうことかを考えさせてくれる映画に「her　世界でひとつの彼女」（２０１３年、スパイク・ジョーンズ監督）がある。

近未来のロサンゼルス。セオドア（ホアキン・フェニックス）はハートフルレター社で恋文の代筆業をしているが、筆のタッチは実に抒情《じょじょう》的で、依頼者の心をつかみ、雑誌社から出版の依頼が来るほどの腕前だ。しかし、彼は妻とはうまくいっておらず、離婚を突き付けられている。そんな中、サマンサという名のＡＩの存在を知りコンタクトを取るようになる。姿形はなく、スマホやコンピューターから囁《ささや》かれる声だけが頼りだ。「彼女」は、驚くほど知的なうえ「女性的」でナイーブ、そして何よりセクシーだ。サマンサは並の「女」ではない。コミュニケーションを取るたびに彼好みの「女性」に進化し、成長していく。ついに「二人」は本当に恋に落ち、深夜の会話で満たされるようになる。

「彼女」にとって彼の要求に応え恋を成就させることはＡＩとしてのミッションであり、

一生懸命彼の心を満たそうとする。彼は、妻のことは深く愛してはいるが、実態のある人間として妻と向き合うことは不得意で、映画を見ていると彼の頭の中にいる「女性」しか愛せないことが次第に分かってくる。

ある日、セオドアはサマンサに聞く。「今付き合っているのは俺だけか？」。「３１２人と付き合っているわ」。たった一人の女性とすらうまく付き合えないセオドアに対して、ＡＩのサマンサは彼の知らない多くの男性から自由自在に愛や情報を享受し成長していっている。ＡＩに退行はなく進化しかないのだ。

一方、セオドアの方は、心に柔軟性を欠き、変わることができず、成長できないでいる。この差がどんどん広がっていくことになる。当然のように「二人」には別れが訪れる。彼は、自分の戻っていく場所は愛していた妻のもとしかないことを知る。

映画ではセオドアとサマンサが繰り広げた「恋愛模様」を通してＡＩの特徴や限界を描きながら、人間の男女関係における願望や不満という普遍的なテーマを浮き彫りにしている。

ヒトがＡＩに恋する、あるいは疑似恋愛をする日が本当に来るのであろうか。ホモサピエンスが地球上に誕生し、ヒトはヒトを愛し子孫を残す営みを続け今日がある。その部分は決して進化してはいけない、ヒトがヒトであるが故の営みである。そこに心まで進化を続ける

ＡＩが入り込むとしたら、それは人類の滅亡につながる極めて危険な「進化」というほかはない。

思い出という名の未練――「フィールド・オブ・ドリームス」

プロ野球ペナントレースも終盤に近づくと、ひいきのチームが優勝するのか、試合の結果に一喜一憂する日々が続く。映画「フィールド・オブ・ドリームス」（１９８９年、フィル・アルデン・ロビンソン監督）は、60年代の古き良きアメリカが舞台だ。アメリカの国技ともいうべき野球をテーマに、野球が人生の中で重要な部分を占めた人々の未練を織り込み、一人の〝野球狂〟の幻聴や夢が現実になっていく過程を描いた胸躍るファンタジー映画である。

アイオワ州で父から相続したトウモロコシ畑を持つレイ・キンセラ（ケビン・コスナー）はある日、「畑に野球場をつくれば、彼が帰ってくる」という言葉を何度か耳にし、何かにとりつかれたように大切なトウモロコシ畑の大部分をつぶして野球場をつくる。

その後も幾つかの神のお告げのような言葉を聞いたレイは、それを忠実に実行に移そうと必死になる。するとどうだろう。今は亡き名選手たちが、次々と残ったトウモロコシ畑から姿を現し、楽しそうに試合を行うではないか。

そしてその中には、キャッチャー姿の若き日のレイの父親ジョンもいた。ジョンはメジャーリーガーを目指したが、結局、ホワイトソックス傘下のマイナーリーグで野球人生を終えていた。最もレイが会いたかった「彼」がついに帰って来たのだ。

映画の最後、カメラは球場を上空から映し出す。なんと観客たちが乗った無数の車のヘッドライトが球場を目指して近づいて来るではないか。無論往年のスター選手を見るためだ。

「思い出という名の未練」。どんな思い出にも未練が伴う。ヒトという生き物の夢、欲望は尽きない。その思いは死後も煩悩として漂い、とんでもない化学反応を起こして、トウモロコシ畑の中に野球場が出来たりするのかもしれない。

この映画には後日談がある。この映画の撮影は、アイオワ州のダイアーズビルという小さな田舎町で行われ、球場は撮影のために実際に造られたものだった。撮影終了後も保存され、野球の試合をすることもできた。アメリカ人のユーモアのセンスは素晴らしい。２０２１年8月、ホワイトソックス対ヤンキースの公式戦がなんと草野球をするようなこの球場で開催されたのだ。開会式にはケビン・コスナーが登場し、両軍選手も映画のようにトウモロコシ畑の中から登場した。試合は9対8でホワイトソックスが勝利した。２０２３年8月にも同様にメジャーリーグの公式戦が開催され、大いに盛り上がった。現実の世界においても、この球場こそ奇跡のような夢が叶う、フィールド・オブ・ドリームスだったのだ。

戦時の休暇　帰郷の旅――「誓いの休暇」

戦争は常に戦争など全く望んでいない若者を犠牲にしていく。そして母親はなすすべもなく息子の喪失感に耐えながら生きていく。映画「誓いの休暇」（1959年、グリゴーリ・チュフライ監督）は第二次世界大戦下、ドイツがソ連に攻め込んできた時の話だ。

アリョーシャは母子家庭に育った農村に住む19歳の青年で、当然のように戦場に赴く。ある日突然、ドイツ軍の戦車に遭遇する。まるで巨大な障害物のような戦車の出現に恐れおののき、逃げながら手元にあった対戦車砲を打ち、運良く2台の戦車を炎上させる。この行動が「英雄」として評価され、将軍から6日間の休日をもらう。彼の村は往復だけでも4日かかる。短い再会の中で、最愛の母のために頼まれていた屋根の修理をしたいというからほほ笑ましい。

アリョーシャの帰郷の旅が始まる。広大なロシアの大地を機関車が走る。アリョーシャは旅の途中、戦禍で片足を失い、心もすさんでいる兵士と遭遇し、親身になって励まし助けるが、どんどん時間が失われていき、予定の列車にも乗り遅れる。

何とか貨物列車に潜り込むが、そこに偶然、戦禍で身寄りを失った十代の少女シューラが乗り込んできて、彼女を守ろうとする。戦禍の中でもなんとか生き抜こうとする強さがあるシューラは、髪を三つ編みにして、つぶらな瞳がキラキラと輝いていて美しい。二人は共に行動するうちに、ほのかな恋心を抱くようになるが、口づけも交わさず軽く抱擁をしただけでそれぞれの目的地に向かうことになる。思いは募る。シューラが、アリョーシャの乗った列車を走って追いかけた後、いつまでも手を振るシーンは切ない。

さまざまな予期せぬ出来事で故郷の母との時間はどんどん失われていく。乗り換えた列車がドイツ軍の砲撃に合って延焼し救助を手伝ったり、橋が破壊され、いかだで川を渡ったりするが、それでもアリョーシャはへこたれない。最後はヒッチハイクを繰り返し、やっと母に会った時はすでに休暇の6日目であった。

野良仕事をしていた母は、アリョーシャを見つけると一目散に駆けてきて胸に飛び込む。つかの間の再会。彼は母への未練を残して戦場に帰っていく。見ている者はナレーションを通して二度とアリョーシャが故郷に戻ることがなかったことを知る。

戦時下では非情に徹しなければ自分の命を守れない。将軍が「英雄」と称賛した行為は苦し紛れの自己防衛に過ぎなかったが、アリョーシャは故郷に帰る旅の中で、見ず知らずの人々と出会い自然な感情として我を捨てて彼らの手助けをする。こうした隣人に対するヒューマニズムにのっとった行動こそが「英雄」であることを教えられる。

積み木の家　老人の寂寥感――「つみきのいえ」

旅立った妻を思いながら、残った家で淡々と暮らす老人の姿を描いた秀逸な映画に、2008年度のアカデミー賞、短編アニメーション部門賞を受賞した「つみきのいえ」(加藤久仁生監督)がある。わずか12分のこの作品は、鉛筆の線が感じられるように淡い色使いで作られているが、淡々と生きる老人の姿を通して、見ている我々に人生観や過去を振り返るきっかけを与えてくれる物語仕立てになっている。

海面が上昇しているその街は、妻が生きていたころから水没し続けている。老人はその街に一人残り、水位が上がるたびに「積み木」を積むように家を積み上げ暮らしている。夕食には必ず妻が座っていた席にもワイングラスを用意している。何か妻に語りかけているようだ。ある日、彼は妻からプレゼントされたパイプを海中に落としてしまい、思い切ってダイビングスーツをつけて海の底へと探しに出かける。

妻と暮らした幾つかの積み木の家を見ることで、彼の中に人生の折々のシーンがよみがえってくる。妻と初めて出会った日、娘が生まれ学校に通い始めた日、フィアンセを初めて連れてきた日のことなどが走馬灯のようによみがえってくる。その映像に生々しさはなく、「遠い風景」として描かれていて、老人の寂寥《せきりょう》感、喪失感がひたひたと迫ってきて心に残る。

世界一の長寿国になってしまったわが国で、老人の孤独死が後を絶たない。特に伴侶を失った男性の場合、女性より独りの期間がずっと短いことは知られている。「男やもめに蛆《うじ》がわく」というのは「男性やもめ老人」の状況を端的に物語っているのかもしれない。

わが国は今、空前の健康ブームの中にあり、健康食品、メタボや血管障害の予防、がんの克服といった言葉が洪水のように押し寄せてきてやかましい。長寿は確かに多くの人の悲願にも似た思いだが、大切なのは生きる長さより生きる中身であることは言うまでもない。私の好きな小説家の一人に開高健がいるが、彼は平和運動を展開し、世界を旅しながら『裸の王様』のような胸躍る小説を書いた。美食家としても知られるが、肥満体形で、58歳で逝った。「骨太の人生」とはこういう生き方なのかもしれない。

確かにメタボ健診が長寿に貢献することは間違いないと思われるが、人間がいずれさまざまな病気にかかることは必然で、それは問題の「先送り」に過ぎないかもしれない。長寿・延命を主眼とした健康施策にはふとむなしさを覚えることがある。

脱獄にかける執念――「パピヨン」

胸に蝶《ちょう》の入れ墨をした男は〝パピヨン〟(スティーブ・マックイーン)と呼ばれた。男はパリで金庫破りの罪で捕まり、仲間の裏切りから他の罪も着せられ終身刑となる。映画「パピヨン」(1973年、フランクリン・J・シャフナー監督)の始まりである。

彼はまず、南米のフランス領ギアナの刑務所に収監される。何度も脱獄に失敗し、ついに独房に入れられる。それでも彼の脱獄にかける執念は衰えず、真っ暗な独房の中で見つけたムカデやゴキブリなどを食べてまで生き抜く。

その後も脱獄を繰り返しながら十数年の月日が流れ、パピヨンは初老の囚人になっていた。たどり着いたのはサン・ジョセフ島の刑務所。ここでは大きな制約も受けず、衣食住を保障された環境だったが、またしてもとりつかれたかのように脱獄を企て、サメの大群が泳ぐ荒海に向かってボートをこぎ出す。その姿は現実に満足することなく、スターダムにのし上がってきたスティーブ・マックイーンの半生と重なる。

「男というものは全く…」とため息をつきたくなる女性も少なくないのかもしれないが、なぜか見終わった後、清々しさも残る。彼は生涯で3度結婚したが、その他に何度も浮き名を流しマスコミを騒がせた。2度目の妻、アリ・マッグローと別れる時には、「君のことは愛しているが、もう恋していない」という〝迷言〟を吐いた。アクション映画や私生活で「危機」を乗り越えてきた彼の面目躍如たるエピソードかもしれない。

スティーブ・マックイーンの出自は複雑である。父親は曲芸飛行士、母は家出娘。今で言う「できちゃった婚」で生まれた。その後、両親は離婚し、母親の再婚とともに各地を転々とし、非行に走るようになる。14歳のころ、ついに少年院に入れられ2年の月日を送ることに。出所後、いいかげんな気持ちでハリウッドに赴き、端役で映画に出るようになる。

スタントマンに頼らないアクションで次第に頭角を現し、ついにスターダムにのし上がり、世界中の映画ファンを熱狂させた。しかし、この不死身のスーパースターも体調を崩し、肺の中皮腫を発症していることが分かる。１９８０年、50歳の若さで命を落とした。無類の車好きであり、車やバイクを私生活でも映画でも自由自在に操っていたが、当時ブレーキや耐火服・耐熱フェースマスクにアスベストが使われていたことから、それを吸引したのが原因ではないかと推測されている。あまりにも若過ぎる死であるが、映画の中で数々の絶体絶命のピンチを切り抜けてきた銀幕のヒーローも、進行がんには勝てなかった。

不条理への復讐劇――「嘆きの天使」

最近、破天荒な学生は少なくなったが、コロナ禍で学生の自由度は制限され、ますます「やんちゃ」がやれなくなった感がある。遊ぶということがどんなことなのかさえ分からない学生が増えてきた。「嘆きの天使」（ジョセフ・フォン・スタンバーグ、１９３０年）を思い出す。

ラート教授は頭でっかちな姿、神経質そうに見える眼鏡、シルクハットとマント、まさに権威の象徴のような名物教授だ。ハンブルクにある由緒あるその学校で、彼は学生を法の番人のように厳しい規律で縛り上げていた。学生たちから「ウンラート」という、くそ、ごみを意味するあだ名がつけられているが、それもどこ吹く風だ。

学生たちは巡業でやってきた見世物小屋の歌姫ローラ（マレーネ・ディートリッヒ）に夢

中で、下着姿のブロマイドを我先にと求め、授業中に眺めたりしている。ラートはそうした学生が許せない。よせばいいのにローラに説教しようと自ら見世物小屋に乗り込んでいく。ところが、楽屋に入った途端、見たこともない別天地に驚き、妖艶で美しいローラに心奪われる。教授は女性に免疫がないため、いとも簡単にローラに恋してしまう。彼女を花嫁にしたいと言い出し、別段拒否もしないローラと結婚し、何十年も務めてきた教授の座をあっさりと手放してしまう。

教授は一座と行動を共にするようになるが、途端に一座の厄介者になりどんどん追い詰められていく。ローラの方も次第にラートをぞんざいに扱うようになっていく。

一座は4年ぶりにハンブルクに帰ってきて公演をする。「ラート教授、来演！」。権威の権化のようなラートが、化粧をしてピエロの格好で舞台に立つのだ。激しく盛り上がる満員の観衆の前で、どやされ、たたかれ、額で卵を割られても教授は何の芸もできない。「何か芸をしろ」。教授はついに全身の力を振り絞って大声で鳴く。「コケコッコー！」。大衆が待っていたラートへの復讐《ふくしゅう》劇が完結した瞬間である。

「サイレント・マジョリティー」という言葉があるが、抑圧されてきた大衆に、ラート教授に対する憐憫《れんびん》の情はない。不条理に抑圧してきた教授に対し、観客が本当の支配者は自分たちにほかならないことを意思表示した瞬間である。かつてベルリンの壁の崩壊とともに、東ヨーロッパの独裁国家がもろくも崩れ落ち、指導者の銅像が無残にも破壊されたシーンを思い出す。ラート教授は次の日、彼が長年教鞭を執った教室で息絶えていた。若いころは遊びと余裕を覚える貴重な時期だ。でもほどほどに！

最期に伝える五つの言葉――「愛する人に伝える言葉」

死は誰にとっても平等に訪れ、避けて通れないものだ。がんを患った修験者が「先生、本当のことを言ってください。修行を積んでいますから、受け止めることができます」というので、「あなたは余命いくばくもないがんです」と担当医が言ったところ、彼は悲観して早《そう》逝《せい》したという有名な話があるが、実際、死に対して心の準備ができている者などほとんどいないに違いない。特にそれが不治の病で、考える時間があればあるだけ人は動揺し、悲しみに打ちのめされたり、人生の不条理に怒りを覚えたりする。映画「愛する人に伝える言葉」（2021年、エマニュエル・ベルコ監督）は、がんを宣告された主人公バンジャマンとその母親が、悲しみや過去の軋轢《あつれき》を克服しながら、残された短い時間の中で心の動揺を乗り越え、最期は穏やかに死と対峙《たいじ》できるようになる過程を描く感動作である。

俳優のバンジャマンは41歳の若さですい臓がんと診断される。一縷《いちる》の望みをもってがん治療で有名なドクター、エデを訪ねるが、「ステージ4のすい臓がんで、治すことは不可能です。半年から1年で必ずがんに負ける日がやってきます」と告げられる。わずかな望みも失ったバンジャマンだったが、病状を和らげる目的で化学療法を受け入れる。

彼は短い残りの日々を惜しむように演劇の指導に熱を入れるが、病状は進行し入院しなければならなくなる。母親のクリスタル（カトリーヌ・ドヌーヴ）も心労がかさみ「息子を見ていられないわ」と泣きながら訴えるが、「傍にいて彼を愛し、どんな話でも聞いてやってください」とエデは静かに答える。

クリスタルは、かつて自分がバンジャマンの俳優としての将来を思い、おなかに子どものいた恋人との仲を無理やり引き裂いてしまったことが、結果的に息子にストレスを与え、がんに追いやったのではないかと後悔しているので、この状況はことさら辛いのだ。

バンジャマンは演劇指導に一段と熱を入れるようになるが、化学療法の副作用で嘔吐《おうと》するようになり再び入院する。エデは、ついに抗がん剤の効き目もなくなった時点で、心がすさんだ彼に、死にゆく時に愛する人に伝えるべき五つの言葉を教える。「赦《ゆる》してほしい、自分は赦す、ありがとう、さようなら、愛している」

彼は最期にこの五つの言葉を息も絶え絶えな中で母に伝え、病院の看護スタッフに見守られながら息を引き取る。ヒトはどこかで家族や友人を傷つけ、傷つけられながら人生を送っているが、この映画は五つの言葉の中で、とりわけ赦すという気持ちがとてつもない不安や焦燥感を和らげることを教えてくれる。

盲目の花売り娘に尽くす男――「街の灯」

失った光が治療によって治る。その喜びはきっと何物にも代え難いものであろう。映画の中にも、うら若き乙女がある男の献身的な努力で治療を受けることができ、諦めかけていた光を取り戻す物語を描いた名作がある。チャップリンの「街の灯」（1931年）である。

世界恐慌の嵐が吹き荒れるさなかのアメリカ。浮浪者のチャーリーは、服装もみすぼらしく、職もなく住むところもない。当てもなく街をさすらう彼はある日、通りで可憐《かれん》な娘が一生懸命に花を売っている姿を目の当たりにする。清楚でどことなく気品も漂う。その日から、彼は彼女が気になって仕方ない。

チャーリーは、彼女が盲目で、お金に困っており、食べるにも事欠くこと、金さえあれば目の治療ができることを知る。彼はアングラのボクサーにまでなって、賭け試合で金を稼ごうとするが失敗に終わる。そんな中、妻から離婚を突き付けられ、死のうとしている金持ちに出会い、気に入られ大金を手にするが、結局、警察沙汰になる。彼は必死で逃走し、娘に金を渡した後、警察に捕まってしまう。

ひと夏が過ぎ、刑期を終えたチャーリーは、再び街をさまよっていた。何も変わらない街並みの中で、一つだけ、心躍る大きな変化があった。彼の工面したお金で手術を受けた花売り娘の目はすっかり見えるようになり、繁華街に小さな花屋を営んでいたのだ。娘の店を恐る恐る見ようとするチャーリー。それに目を留めた娘は、この浮浪者を不憫《ふびん》に思ったのか近づいていく。「いいのよ、お受け取りになったら? お花の方がよくって?」。はにかんで拒否する彼に、娘は10セントコインを握らせようとする。その瞬間、娘は「あ!」と思ったに違いない。その手はどこか懐かしくて覚えがある。「もしかして!」。さらに娘はチャーリーの手をまさぐる。「あなたでしたの」。チャーリーはその言葉に胸がいっぱいになり、ただただ、うなずくばかりであった。

この映画はサイレント映画時代にチャップリンが主演した名作中の名作とされるが、その理由は映画の面白さもさることながら、まさにこの心に迫り来る最後のシーンにある。“You?〟「あなたでしたの」。たった四つの文字からなるこの言葉は、見ている者に言葉以上の感情のほとばしりを語りかける。ゲーテは「もっと光を！」と言いながら人生の幕を閉じた。人生の終わりを実感してもなお、人は光を求める。これから無限の可能性を持つ若者が、突然のように光を取り戻した瞬間、きっと我々の想像をはるかに上回る喜びを感じたに違いない。

治療法開発に必要なこと ―「ロレンツォのオイル／命の詩」

映画「ロレンツォのオイル／命の詩」（1992年、ジョージ・ミラー監督）は、実在する家族をモデルに、副腎白質ジストロフィー症という希少疾患に苦しむロレンツォ少年と、何が何でもわが子を救おうとして孤軍奮闘する両親の格闘の歴史を描いていて胸を打つ。

ロレンツォ少年は国際銀行マンの父と家族とともに海外に住み、数カ国語を話す聡明《そうめい》な少年であったが、6歳の時、この病気を発症し、知能発育障害、歩行障害が起こり始める。慌てた両親は確定診断を受けた後、研究者がいるというローマ大学を一縷《いちる》の望みを持って訪れる。

母親は祈るような気持ちで尋ねる。「先生、治療法はないのですか?」「わずか10年前に明らかになった病気で、今のところ何もできません」「でも誰かが研究しているのでしょう?」「・・・・」。未知の病気の治療法開発は、その疾患に興味を持つ医師・研究者がいないと始まらない。だから、その疾患に関わる医師、研究者がいないことほど患者にとって不幸なことはない。どんな疾患でも、知恵の輪がほどけるように簡単にメカニズムが分かり、治療法の開発にこぎつけることなどあり得ない。

未知の病気は大抵その発見から治療法開発まで数十年の時間を要している。最初の段階では診断法の確立や病態解明のために必要な血液や生検組織が必要となるが、解析の結果が患者自身に還元されることはない。そのため、治療法の開発など存命中にはとても間に合わないことを理解した上で検査に同意してくれる患者が必要だ。死亡して解剖に同意してくれる患者家族がいなければ研究は前に進まない。

治療法のない遺伝性疾患の研究の場合はもっと患者・家族にストレスがかかる。研究初期の段階で、自分たちにとって何の益にもならない原因遺伝子の異常を暴露され、プライバシーを侵害される。さらに子どもにまで遺伝する可能性があるという恐怖を知らされることになる。これまで不治の病とされてきた疾患の中で治療法が開発された多くは、患者・家族と熱意を持った医師が理解し合い、力を合わせて初めてこうした障壁を乗り越えることができた。患者にも医師にも相当な覚悟とお互いの信頼がなければ成り立たない作業である。

私が研究してきた家族性アミロイドーシスという疾患も、全ては患者・家族の方々のご厚意による遺伝子診断・剖検組織の病理解析から始まった。研究を始めて40年、何も治療法がなく診断することが死を宣告することに等しかったこの遺伝性疾患の進行を、投薬で停止できるようになった。込み上げるような喜びがある。

生きるための能力「うそ」――「素晴らしき世界」

西川美和監督の映画は「壊れた家庭」に育った人間がつくうそを通して、その屈折した人間性が語られるものが多い。映画「素晴らしき世界」（２０２１年）では、一転して「うそをつかない（つけない）」直情型の人間を描いている。

話は三上（役所広司）という男が13年の刑期を終え、網走刑務所から出所するところから始まる。福岡でキャバレーの店長時代、ホステスの引き抜きトラブルに巻き込まれ、ある男性を殺害した罪で服役した。彼は少年時代からすぐカッときて我を失い暴力に走るため、傷害事件を何度も起こし、人生の半分以上を刑務所で過ごしている。

出所後、彼が落ち着いた先は、東京の下町の古びたアパート。階下にたむろしていた不良少年たちの騒音に我慢できず、程なくトラブルを起こす。夜、路地で強請《ゆすり》に遭っている男を助けようとチンピラたちと殴り合いとなり、謝らせたりもする。彼の「正義感」は出所後も健在だが、表現法は依然、短絡的かつ暴力的である。

何とか生活保護を受けず、自活しようとする三上に、福祉制度は冷たい。結局努力は報われず、やり場のないいら立ちを胸に、かつて世話になった暴力団の組長を頼って博多に帰る。しかし、隆盛を誇っていた組組織は法規制で見る影もなく衰退し、居場所がなくなった彼は東京に戻る。そこで運よく介護施設の働き口の話が舞い込む。過去に問題があったり心身に障碍《しょうがい》があったりしても就職できる施設だ。

ヒトは進化の過程で「うそをつくこと」を覚え、ヒト社会の均衡を保ってきた。一方、三上はうそをつけない。感情がそのまま行動に現れ、事件を起こし続けてきた。彼は施設で差別を受けている精神発達障碍の若者と親しくなる。

ある日の仕事の合間、何人かで談笑中、ある介護士が面白おかしくこの障碍者の形態模写をしてみせる。皆が不謹慎にも笑っている中で、「三上さん、似てるでしょう?」とその男は調子に乗って尋ねる。テーブル上の鋏《はさみ》が大写しになる。見ている者は三上がまた正義感からキレて鋏を振り回すのではないかと緊張が走るが、しばらくの沈黙の後、彼は愛想笑いを浮かべながら「ええ、に、似てますね」とつぶやく。

彼の人生で初めて自己抑制をし、自分にうそをついた瞬間であろう。それはまさに、ヒトがモラルに目をつぶり社会に適応しようと遺伝子の間隙に刷り込み獲得してきたものにほかならない。

台風が襲来しようとしていたある日の夕方、三上は、くだんの障碍者が花壇で摘んだ花をもらい帰宅するが、その日の夜、持病の狭心症の発作から心筋梗塞となり帰らぬ人となる。西川監督はこの悲しい物語に「素晴らしき世界」という深い題を与えた。

困難乗り越え新薬を開発 ―「希望のちから」

作家の伊集院静氏が、妻であった夏目雅子さんの白血病との闘いの日々を手記にまとめたエッセーがある。妻子のいた彼と夏目雅子さんとの出会い、結婚に至る道のり、楽しかったつかの間の新婚の日々、急性骨髄性白血病の発症から闘病に流れた時間の重さ、そして運命の1985（昭和60）年のXデーに至るまでを冷静に振り返りながら、いまだに残る喪失感を淡々と書き込んでいる。

彼は、アメリカで白血病の新たな治療法が開発されつつあることを知る。すぐにでもその治療に飛びつきたいと思ったが、結局、妻の病状と治療の危険性を天秤《てんびん》にかけ、この治療を受ける決断ができないまま時が流れ、彼女は旅立つことになる。「あの時なぜ妻に最新の、最善の治療を受ける道を切り開かなかったのか」と今でも悔やむという内容が記されている。

デニス・スレイモンは、乳がん患者の治療が生活の全てのような患者思いの臨床医であり研究者であった。彼は乳がん患者のために、家族とのだんらんも、自分の時間も犠牲にしてきた。実話を基にした映画「希望のちから」（2008年、ダン・アイアランド監督）の話である。彼はなんとか製薬会社からのバックアップを受け、ついに乳がん患者の一部に効果を示す治療薬「ハーセプチン」を発見する。

治療に使えると確信したデニスは、臨床試験を行い、FDA（アメリカ食品医薬品局）に治療薬として認めてもらうために行動を起こす。ハーセプチンのような切れ味が鋭い抗がん剤は副作用も激しい。また、全ての患者に有効というわけではないことも抗がん剤の臨床試験を複雑にする。

重要なことは、患者にこの薬を投与して、偽薬との間で有意な効果を立証できなければ、それまでの努力と製薬会社が投資した莫大《ばくだい》な研究資金は水泡に帰すということだ。そのためには、私情を捨て、明らかに効かない患者を振るい落とさなければならない。新薬の有効性をマスコミが注目し、報道すればするほど株価は上がり、資金調達の道も開けてくる。一方で新薬が注目を集めるほど、適応のない患者が集まってくる。治療薬を必要とするのは、末期の乳がん患者に圧倒的に多いが、彼女らには効かない。

この映画ではこうした患者に、「あなたには適応がありません」と告げなければならないデニスの心労も描かれている。結局デニスは、幾多の困難を乗り越え、無事この薬をFDAに認可させる。1998年のことだ。久しく不治の病であったがんが、デニスのような研究者、医師の努力で、死の淵から生還できる病になってきている。新型コロナウイルスもそうであってほしい。

高校生　希望求め西へ ―「僕たちは希望という名の列車に乗った」

「青春って、すごく密なので」。２０２２年夏の甲子園を制した仙台育英高校、須江航監督の優勝インタビューでの言葉だ。

専ら忌み嫌われる言葉として定着した「密」という言葉。須江監督はそれを、青春を大肯定する文脈で用い、コロナ禍によって若者がどれほど貴重な体験を奪われてきたかを、野球部の監督として、また一人の人間として言わずにはいられなかったのだ。その切実さと説得力に、私も震えるような思いでこの言葉を聞いた。

青春は友人や恋人と「密」の中で過ごし、社会の矛盾に汚されていない正義感と友情が培われる貴重な時間だ。それは政治的な弾圧がある国の青少年でも同様であることを、実話に基づいて作られた映画「僕たちは希望という名の列車に乗った」（２０１８年、ラース・クラウメ監督）は教えてくれる。

ベルリンの壁ができる5年前、１９５６年の東ドイツの町スターリンシュタット。当時はまだ東ドイツから西ベルリンに入るのに検問があったが、出入りはそれほど難しいことではなかった。「自由の地」西ベルリンは特に若者にとっては唯一、西側の文化を享受できる貴重なところだった。

18歳のテオとクルトは高校の進学クラスに通う友達だ。ある日、二人は首尾良く検問所を通り抜け、お目当ての映画館に入る。映画の前に流れたニュースで、ハンガリーの民衆が共産主義体制に反発、蜂起し、ソ連の軍事介入により多くの民衆が犠牲になったことを知った二人は、驚きと怒りを覚える。次の日、犠牲者を哀悼したいという純粋な気持ちから、クルトが音頭を取り、クラスメートに授業中、黙とうしようと呼びかける。青春は純粋で熱い。4人は賛同しなかったが、残りの生徒は教師の授業を無視し、2分間の黙とうを行う。

しかし、この行為は共産党体制への反逆行為とみなされ、当局から鉄面皮のような女性捜査官ケスラーが派遣され、首謀者探しの執拗《しつよう》な尋問が始まる。生徒は共産主義体制を守ることよりも仲間と「密」の中で培った友情を守ることを選び、結束して口を割らない。

ケスラーらは生徒の環境や、親の職業、過去の行動歴を徹底的に調べ上げ、生徒たちをどう喝し、次第に外堀を埋めていく。絶体絶命の中でついに1人が口を割る。それでも抵抗し続けた生徒は、ついに退学処分となる。

将来を閉ざされ、行き場を失った彼らはどうなったのか。結局、愛する家族と別れて逃亡する道を選択し、西ベルリンへと向かう「希望という名の列車」に乗る。その年の年末、退学者全員が出国し、西ベルリンで卒業試験を受け、西ドイツ政府から卒業認定されることになったのである。

事実は小説より奇なり。その後、彼らがどうなったのか知りたいが、怖い気もする。

高齢者は安楽死を選択できるが――「PLAN75」

超高齢社会の道をひた走るわが国に、近未来、本当に起こる話なのであろうか。映画「PLAN75」(2022年、早川千絵監督)に描かれた近未来の日本のことだ。その時、国の財政難はさらに深刻となり、老人が増え過ぎたことを問題視する若者による襲撃事件が頻繁に起こるようになる。政府は75歳以上の老人が安楽死を選択できる「プラン75」を推進し、国民は平然と受け入れる。

角谷ミチ(倍賞千恵子)は一人暮らしの後期高齢者だ。ホテルのベッドメーキングの仕事をしている。彼女には同世代の女友達がいる。ある友達は「孫のためだから」と空虚に笑いながら「プラン75」を利用し、支給される10万円で人生最後の贅沢《ぜいたく》をするのだと開き直ったような口調で話している。ミチと同じ職場で働く稲子は現実の話として受け止められないでいる。

ある日、その稲子がホテルでの仕事中に倒れ病院へ運ばれる。ホテルはそのアクシデントをきっかけに、ミチたち高齢者を解雇してしまう。満足できる新たな職場などあるはずがない。次第に困窮し住むところもなくなったミチは、生活保護を受けることにも抵抗があり、ついに「プラン75」を申請することに決める。

申請者には動揺する心を支えるため、担当の職員がつくことになっている。ミチの担当は優しそうな若い瑤子だった。彼女が話しかけることができるのは、もう瑤子しかいない。1回15分と決められた電話相談の中で、とりとめのない自分の話を聞いてもらうミチの姿が悲しい。

いよいよその日がやってくる。達観したような表情で施設に着いたミチは、吐き気止めの薬を飲んだ後、酸素マスクをつけるように言われる。その中には安楽死に導く麻酔薬が混じっていて、苦しまずに眠ったまま旅立てるようになっている。

ミチはその時を待つが、機械の不備で麻酔薬が流れてこない。究極の覚悟をふいにされたミチはマスクを外し、施設を抜け出す。とぼとぼと歩き丘に登り、夕日を見つめるミチの表情は、再び生きるという決意に満ちた強いものであった。

人生の最後は一生懸命働いた後、ご褒美のように老後の幸せな時間が訪れるべきである。この映画では「プラン75」に対し反対運動も起こらないばかりか、一般市民のアレルギー反応も描かれていない。その社会には、いわば諦めのようなものが漂う。そこに登場する生活に余裕のない高齢者は、淡々とこの制度を受け入れる。そして今よりも格差社会が進み、「プラン75」を選択せざるを得ない仕組みになっているかのように見える。こんなとんでもない社会を許してはならないと思うのだが。

辞書作り　人生かけた大仕事──「舟を編む」

「今日は忙しかったから短い手紙が書けなかった」。ゲーテの言葉である。熊本大医学部の学生だった5年間、私は地元の放送局で10分番組のパーソナリティーをしていて、苦しい時間を経験したことがある。短い時間であればあるほど、思っていること、伝えたいことを「短い手紙」にまとめるのは難しい。

辞書の言葉の説明は究極の「短い手紙」である。言葉の持つ意味を分かりやすく説明するのは至難を極める。例えば「右」という言葉をどう説明するのか。幾つかの辞書をひもといてみるとさまざまな表現がみられる。「西に向かって立った時の北側を言う」、「アナログ時計の文字盤の1時から5時の側を言う」など、この言葉一つとっても説明するのにエネルギーがいる。また、「ダサい」、「うざい」などに代表される若者言葉を説明するのも工夫がいる。

映画「舟を編む」（2013年、石井裕也監督）は東京の大手出版社、玄武書房の辞書編集部が、たった4人で『大渡海』を完成させる話だ。若者言葉を含む見出し語数23万語を収録する一大国語辞典の編集は想像を絶する困難がある。大学で言語学を専攻した馬締光也（松田龍平）がこの部署に配属され、営業部ではからっきし力を発揮できなかった彼が、言葉への強い執着心と持ち前の粘り強さを生かして、徐々に辞書編集者として才能を発揮してゆく姿には感動する。

トータル28年の歳月が流れ、やっと辞書が完成する。その間、「言葉の番人」のような、大学教授で編集顧問の松本先生（加藤剛）が食道がんに倒れて帰らぬ人になっていた。辞書作りはあたかも大海原に漕《こ》ぎ出す、船を編むような作業なのだ。大辞林（三省堂）は完成までに38年かかったというから、まさに辞書の編さんは辞書編集部員の人生をかけた大仕事ということができる。馬締らは社員としての生活の半分以上を辞書作りにささげたことになる。人は死して名を残すというが、彼らは辞書を残した。

数百万年前から数万年前まで、ヒトの進化は些細《ささい》なものであった。しかし、ある時期から異常なほど急速な進化を遂げる。言語を獲得したからだ。ヒトは言語の獲得以降、すさまじいスピードで「文化」を手に入れていくが、今や享受できる文化の多様性にヒトの進化が追いついていけなくなっている。

文字の発明と使用、印刷技術の発明、そして今日のコンピューターとＡＩの進化に代表される情報革命は、目に見えるスピードで人類にさらなる飛躍を約束しているかのように見えるが、それを理解する脳の進化は止まってしまっているように思える。だからこそ、そうした脳機能の遅れを補うため、しっかりした辞書が必要になるのだ。

育ての親か生みの親か ―「そして父になる」

ずっと一緒に暮らしていたわが子が、実は自分と全く違う遺伝子を持っており、本当のわが子は出産時に取り違えられ別の家族の一員として育てられていると分かったら？　映画

「そして父になる」（2013年、是枝裕和監督）は、この受け入れ難いテーマを丹念に描いている。

血のつながりか、共に暮らしてきた歴史か。どちらを優先するかは、その子どもの年齢、経済状況、親の価値観によって異なる。このような話は実際に起こってきた。戦後の第1次ベビーブーム。産婦人科はどこもお産ラッシュで、赤ちゃんが同じ日に何人も生まれた。当時は足の裏にマジックで名前を書くなどしていたが、それが入浴で消え、取り違えが起こったという話は時折報道されていた。

野々宮良多（福山雅治）は大手建設会社に勤め、都心の高級マンションで妻（尾野真千子）と6歳になる息子の慶多と暮らしている。絵に描いたような幸せな家庭のもとに、ある日、慶多が生まれた産婦人科病院から電話が入る。慶多が出産の時に取り違えられたという信じ難い知らせだ。

取り違えられたもう1人の子ども、琉晴は群馬で小さな電気店を営んでいる斎木雄大（リリー・フランキー）、ゆかり（真木よう子）夫婦に育てられていた。斎木家には他に2人の子どもがいて、生活は苦しいが、明るく楽しい家庭を築いていた。

両家とも当惑して、どうしてよいのか落ち着いて考える余裕がない。踏ん切りはつかないものの、両家の話し合いの場では、やはり血のつながりを重視し、子どもを取り換える方向で話が進んでいく。

親の勝手な論理で、それぞれ新たな家庭で暮らすようになった子どもたちは、いくら「これがミッションだ」と言われても、親の考え方も、日々の暮らし方も経済状態も全く違う新たな家庭に溶け込めるわけがない。それぞれの家庭の中で小さなトラブルが起こり、子どもも親も追い詰められていく。

万策尽きたと思った良多は「もうミッションなんか終わりだ」と言って慶多を抱きしめるところでこの映画は終わる。この二つの家族、すでにパンドラの箱を開けてしまった以上、今後どんな選択をしても道は険しいと言わざるを得ない。

エリートである良多は冷淡な一面もあるものの、この問題を契機に、息子に望まれる父親に近づくため奮闘努力する姿はまさに「そして父になる」である。

この映画を作るにあたり是枝監督が調べたところ、このような場合、多くの家族がそれまで一緒に暮らした歴史より「遺伝子」を選んできた、というから驚かされる。自分だったらやはり両方育てたくなるに決まっているのだが…。

夢が導いた悟りの境地――「野いちご」

年を取るほど思い出が多くなり、夢に現れる人物、時代が複雑に絡み合う。まるで古池の底から不規則にメタンガスがぶくぶくと上がってくるように、脳に収納された過去の出来事、思い出の鍵が睡眠によって外され、出会った人物、シーンが無作為に絡まりあって夢に登場することがある。会いたい人には一向に会えず、忘れてしまいたい人が登場することもある。

映画「野いちご」（1957年）はスウェーデンの巨匠イングマール・ベルイマン監督の代表作だが、夢をきっかけに人生を見つめ直し、その価値を取り戻そうとする異色の物語だ。

イーサクはスウェーデンの名門、ルンド大学医学部を卒業した権威ある医師である。研究も評価されている。ルンドに住む息子エヴァルドも立派な医師になっているが、妻のマリアンヌとはぎくしゃくしており、彼女は最近イーサクの家で生活している。イーサク自身も私生活はうまくいっておらず、自分の人生は孤独で無意味だったのではないかと常々思っている。

明日は母校で名誉博士号を授与される晴れがましい日なのに、前日、悪夢にうなされる。

当日の朝、彼は何を思ったか飛行機をやめて車で半日かけてルンドへ向かうことにし、マリアンヌも同乗することに。二人の何となくぎくしゃくした旅が始まる。夫婦生活に悩んでいること、夫がイーサクのことを快く思っておらず、父のように冷めた家庭は持ちたくないと思っていることなど歯に衣着せずに話すが、イーサクは意外にも平然と受け流す。

イーサクは途中、彼が20年間過ごした思い出の家に立ち寄り、かつてそこで野いちごを摘んでいた初恋の女性サーラを思い出し、彼女が女たらしの弟に奪われ結婚したことを思い起こす。

旅の途中、イーサクは助手席で眠りに落ち、また夢を見る。今度は妻カーリンと不倫相手の男が密会している様子が出てきた後、唐突に大学で試験を受け、自分の性格を非難される姿が映し出される。

幾つかの夢を通して、思いもかけず妻は自分に不満があり浮気をし、息子はそんな両親の姿を見て、家庭を持つことに躊躇していることを知る。イーサクはこれまで息子の心に正面から向き合って来なかったことを反省する。

ルンド大学での名誉博士号授与式の日がやって来る。授賞式には、夢のおかげで心が整理され、何か吹き切れたような表情をして受賞するイーサクがいた。

この映画は、夢は時として今まで解決できなかった心の闇の部分を浮き彫りにし、悟りの境地のようなものをもたらすこともあると教えてくれる。

心の負の連鎖　涙が救う──「インサイドヘッド」

ヒトは時として自分の感情をコントロールできず、衝動的な行動をとることがある。どうしてなのかと後悔してみても、後の祭りである。まるで心の中に自分以外の何かがいて、自分の意志とは無関係に突き動かされているような状態が起こることがある。それはまさにアニメーション映画「インサイドヘッド」（２０１５年、ピート・ドクター監督）で描かれた脳内の感情たちが織りなす技なのかもしれない。

ライリーは11歳。彼女の頭の中には五つの感情がまるで生き物のように存在している。楽しい気持ちにするヨロコビ、嫌いなものを拒絶するムカムカ、腹が立った時に怒りを爆発させるイカリ、危険から身を守るビビリ、悲しい気持ちにさせるカナシミである。こうした感情たちは彼女の頭の中の司令塔に集まり、常に表裏一体に動き、感情、行動を制御している。しかし「彼ら」は、なぜマイナスにしか働かないカナシミが必要なのか理解に苦しんでいた。

ライリーはある日、親の都合で楽しかった思い出がたくさん詰まったミネソタからサンフランシスコに転校しなければならなくなる。新しいクラスでストレスいっぱいの中、彼女の感情をコントロールしようと五つの感情たちが右往左往する。そして、不意にカナシミが「思い出ボール」の中にあるミネソタ時代の楽しい思い出が詰まったボールをさわってしまう。

その瞬間、彼女は見る見る悲しくなり、泣き出してしまう。カナシミの大失態だ。慌てたヨロコビは収拾しようとするが、誤ってそのほかの「思い出ボール」に次々に触れていく。ライリーの過去の楽しかった思い出が次々に呼び起こされ、彼女は次第に鬱《うつ》状態となり、どうしようもなくなってしまう。

ライリーの心の中では負の連鎖が続き、感情たちが必死で修復しようとするが、打つ手はなく万策尽きたと思った時、最後の切り札は意外にもカナシミであった。ライリーの心を刺激して両親の胸の中に飛び込んで思い切り泣かせたのである。涙はこの危機的な状況で彼女を救うことになる。涙とともに悲しい思いの丈を両親に吐露したライリーの心は次第に元の状態へと戻っていくではないか。

マラソンの世界記録が2時間に迫り、100メートル走の世界記録が10秒から9・5秒台に短縮されるといった具合に、人間の身体能力の進歩はすさまじい。他方、知識取得技術はマニュアル化され進んでいるかに見える一方で、心の進化は遅々として進まない。このミスマッチが起こり続ける限り、ヒトはこの映画のように、状況に応じて試行錯誤しながら生きていくしかないのかもしれない。

親権巡る正しい判断とは―「クレーマー、クレーマー」

クレームばかりつける人を「Claimer」というが、映画「クレーマー、クレーマー」（1979年、ロバート・ベントン監督）は離婚した夫Kramerと妻Kramerが子どもの親権を巡って争うことからこのタイトルになっている。子どもはどちらが育てるべきなのか？経済状態は重要な要素だが、母性本能豊かな母親の方に軍配が上がろうとするのは正しい判断なのだろうか？

ニューヨークのマンハッタン。仕事人間の会社員テッド（ダスティン・ホフマン）は、妻のジョアンナ（メリル・ストリープ）に家事も育児も押しつけている。美術学校を卒業した彼女は、結婚してもそれを生かして仕事をしたいと考えていたが、当の夫は生活に支障がないことを理由にとりあわない。彼女は思いつめ、愛するわが子を捨ててでも離婚したいと思うようになる。ある日ついに宣言する。「私、出ていくわ。人生をやり直すの」

7歳の息子ビリーと父子二人きりの生活が始まる。ビリーの方は突然ママがいなくなったショックで、テッドに構ってもらおうと付きまとう。育児と仕事、物理的に時間が足りない中でテッドはビリーに怒鳴り散らすようになり、二人の関係は最悪となる。しかしテッドは心優しい男だ。冷静になり、かわいいわが子を一生懸命育てようとするテッドの気持ちがビリーに伝わるようになり、次第に二人の絆は強まっていく。

1年半の歳月が流れたころ、予想されたことが起こる。育児が仕事に影響を与え、一方的に解雇を言い渡されたのだ。弱り目にたたり目。すでに離婚は成立し、ビリーを育てていく覚悟ができていたテッドだったが、ジョアンナが母性を盾に養育権の奪還を裁判所に申し立てたのだ。

彼は慌てて就職活動をし、公判前に何とか仕事にありつけたが、以前よりはるかに給与は少なく、手に職を得たジョアンナには及ばない。

この不毛な裁判は、結局「子の最良の利益の原則」によりテッド側が敗訴する。やっと築き上げたビリーとの生活を無理やり奪われることになったテッドは悲嘆に暮れる。ビリーもパパが大好きだ。

納得できないテッドは弁護士に言う。「上告したい！」。しかし弁護士は「勝つためには、子どもを法廷に立たせ、どちらと一緒に暮らしたいか、言わせるしかない」と話す。テッドは「それをビリーにやらせなければならないなら、僕は降りる。勝訴しても子どもの心に一生傷が残る。それだけはできない」と観念する。

この映画は、いつの時代も、どんな夫婦にもそれぞれの側から見た言い分があり、時としてそれが全くかみ合わないことを教えてくれる。

誰も知らない置き去りの子ども ―「誰も知らない」「渇水」

今年のカンヌ国際映画祭では、是枝裕和監督の「怪物」が脚本賞を取り話題をさらった。小学生の子どもたちに起きた小さな事件をきっかけに、関係者の主張の食い違いからやがてメディアを巻き込む大きな話になっていくさまがそれぞれの視点から描かれていて興味深い。

一貫して身近な社会の問題をテーマに人間の深層心理を細やかに描く是枝監督の手法にはいつも舌を巻く。彼を世界的に有名にしたのは、２００４年の「誰も知らない」だ。この映画は、1988（昭和63）年に発生した「巣鴨子供置き去り事件」を題材にし注目された。主演の柳楽優弥がカンヌ国際映画祭で日本人として初めて、そして史上最年少で最優秀主演男優賞を獲得したことでも大きな話題を呼んだ。

無教養で無責任な母親が定職にもつかず恋愛にうつつを抜かし、父親の違う4人の子どもを産んだのはいいが、また新たな愛人ができ失踪してしまう。社会に潜むさまざまな問題を浮き彫りにしながら、残された幼い弟妹の面倒を見る長男の心の葛藤を描き、注目を集めた。最初、いくばくかの生活費を渡し、携帯で連絡を取っていた母親はやがて音信不通になり、子どもたちはまさに一文無しになる。コンビニの期限切れの弁当をこっそり分けてもらい食いつなぐ子どもたちの姿が悲しい。

こうした状況は当時、すでに日本社会の一部で起こっていたことだが、その後さらに深化（というよりは一部で常態化）し、今年、映画「渇水」（高橋正弥監督）の中でも再び描かれる。この映画に描かれた母親も、「誰も知らない」と同じく、子どもを置き去りにして、愛人を作り快楽の中に身を委ね、結果、生活費が枯渇した子どもたちが住むアパートでライフラインの根源ともいうべき水道を止められ、水を求めてさまよう姿が描かれている。

母親は世の中の流れを全く関知しない生活の中で、勝手に自分の世界を構築し、血を分けた子どもたちすらその中に入れようとせず排除する。あらためて子どもは親を選べない、生まれる時代も環境も選べないことを思い知る。

災害、戦争、温暖化（国連のグテーレス事務総長は「地球沸騰化の時代」であると警鐘を鳴らしている）の中で、こうした子どもたちは世の中の動きに関心を持ちようがなく、公的機関が手を差し伸べたようとしても手が届かない。彼らは、災害や有事が起こると自己を防衛する術を持たず真っ先に被害に遭う。こんな不条理な状況に歯止めをかけることができるのは政治や教育なのだが、複雑多岐を極める社会の中で、この正論は意味を持たない戯れ言なのだろうか。

（著者プロフィル）

安東由喜雄（Ando Yukio）

長崎国際大学 学長

大分県別府市出身、熊本大学大学院卒業。在学中、RKK 熊本放送で５年間、ラジオのパーソナリティーを務め、映画の鑑賞眼と話芸を磨く。卒業後、神経内科を志向し、熊本大学第一内科入局。1996年より２年間、スウェーデン・ウメオ大学客員教授、2006年より熊本大学大学院生命科学研究部、病態情報解析学（検査医学）分野教授（検査部長、輸血部長兼任）、2012年より同神経内科学分野教授、2019年までの間に副病院長、医学部長、生命科学研究部長など歴任。2016年、国際アミロイドーシス学会理事長、日本アミロイドーシス学会理事長就任。2011年から2016年まで厚生労働省アミロイドーシス調査研究班長。2019年熊本大学退職後、2020年、副学長を経て長崎国際大学学長就任。

スウェーデン Honorary Ph.D. 賞、日本臨床検査医学会賞、日本神経治療学会賞、日本神経学会賞、日本自律神経学会賞、小酒井望賞、熊日賞など受賞。

著書に『映画に描かれた疾患と喪失感』（マネージメントケア・ジャパン）、『映画に描かれた疾患とペーソス』（医歯薬出版）、『最新　アミロイドーシスのすべて』（医歯薬出版）など多数。

座右の銘は「チャレンジして失敗することを恐れるより何もしないことを恐れよ」（本田宗一郎）

わたしを語る　見果てぬ夢

令和6（2024）年1月22日　第1刷発行
令和6（2024）年4月29日　第2刷発行

著　　者　安東由喜雄
発　　行　熊本日日新聞社
制作・発売　熊日出版
〒860-0827　熊本市中央区世安1-5-1
TEL 096-361-3274　FAX 096-361-3249
https://www.kumanichi-sv.co.jp/books/

表紙デザイン　内田直家（ウチダデザインオフィス）
協　　力　長崎新聞社
印　　刷　シモダ印刷株式会社

ISBN978-4-87755-655-6　C0095